高中图书馆阅读推广及管理服务理论与实践研究

刘素霞　王作芳◎著

吉林出版集团股份有限公司

图书在版编目（CIP）数据

高中图书馆阅读推广及管理服务理论与实践研究 / 刘素霞，王作芳著 . —长春：吉林出版集团股份有限公司，2023.7

ISBN 978-7-5731-3835-4

Ⅰ .①高… Ⅱ .①刘… ②王… Ⅲ .①高中—学校图书馆—读书活动—研究 ②高中—学校图书馆—图书馆服务—研究 Ⅳ .① G258.69

中国国家版本馆CIP数据核字（2023）第153227号

高中图书馆阅读推广及管理服务理论与实践研究
GAOZHONG TUSHUGUAN YUEDU TUIGUANG JI GUANLI FUWU LILUN YU SHIJIAN YANJIU

著　　者	刘素霞　王作芳
责任编辑	齐　琳
封面设计	中尚图
开　　本	710mm×1000mm　1/16
字　　数	252千
印　　张	17.5
版　　次	2023年7月第1版
印　　次	2023年7月第1次印刷
出版发行	吉林出版集团股份有限公司
电　　话	总编办：010-63109269
	发行部：010-63109269
印　　刷	天津中印联印务有限公司

ISBN 978-7-5731-3835-4　　　　　　　定价：79.00 元

前　言

随着互联网的普及，我国图书馆搭上了信息技术发展的便车，进一步拓展了阅读推广覆盖面。自 2006 年我国全面推行全民阅读活动以来，各地图书馆积极开展内容丰富、形式多样的阅读推广活动，为推动全民阅读发挥了积极作用。

当前，图书馆阅读推广服务主要分为线上、线下两种形式；若进行细化，则可分为馆内阅读推广、社会媒体推广、网络推广等方式。高中图书馆围绕全民阅读发展趋势和高中生阅读需求，加强阅读推广服务水平，为读者提供更加便捷、高效的阅读方法，为高中生素质的提升及社会进步做出应有贡献。

基于此，本书将从以下几个方面展开讨论。

首先，从阅读推广相关概念分析入手，概括了高中图书馆阅读推广的基础知识，明晰了高中图书馆阅读推广的主体、客体和基本保障，优化了高中图书馆阅读推广策划方案。

其次，创新高中图书馆阅读推广方法，探索基于多元视角的高中图书馆阅读推广活动途径，通过督查、自查、激励等措施来强化高中图书馆有效管理服务，提出高中图书馆知识管理与人本管理方法、高中图书馆数字化管理方法、高中电子阅览室管理与服务方法、高中图书馆期刊管理与服务方法、高中图书馆人力资源管理与服务方法、网络环境下的高中图书馆管理与服务方法。

最后，探究高中图书馆社会化服务及实现路径，旨在从根本上完善高中图书馆阅读推广及管理服务体系。

在撰写本书的过程中，我们参考了大量的文献和资料，在此对相关文献资料的作者表示由衷的感谢。此外，由于时间和精力有限，书中难免会存在不妥之处，敬请广大读者和各位同行予以批评雅正。

刘素霞　王作芳

目　录

第一章 阅读推广概述

第一节 阅读推广的起源和发展

一、阅读推广理论的起源

当前，公共图书馆一部分基础的功能性、宣传性服务已被互联网服务取代，图书馆工作者应直面时代发展要求，推进图书馆事业高速发展。"阅读推广"是新时代公共图书馆研究的前沿课题。随着全球经济的发展，社会对国民素质提出了更高的需求。许多国家和国际机构推出各种策略以提高人民素养，相应法律法规和工程项目不胜枚举。

1994 年，国际图书馆协会联合会（简称"国际图联"）发布《公共图书馆宣言》，将"从小培养和加强儿童的阅读习惯"列为公共图书馆首要使命。1995 年，联合国教科文组织将每年 4 月 23 日确定为"世界图书与版权日"（又称"世界读书日"）。1997 年，联合国教科文组织发起了"全民阅读"项目。2005 年，国际图联召开信息素养和终身学习高层研讨会，发布《信息社会灯塔：关于信息素养和终身学习的亚历山大宣言》，强调"信息素养和终身学习是信息社会的灯塔，照亮了信息社会发展、繁荣和走向自由的进程"。

2003 年，中国图书馆学会将全民阅读工作纳入学会年度计划。2006

年，中共中央宣传部等 11 个部委联合发起《关于开展全民阅读活动的倡议书》。2012 年，党的十八大报告提出"扎实推进社会主义文化强国建设"，论述中明确表示要"开展全民阅读活动"。2014—2023 年，《政府工作报告》连续十年提及"全民阅读"，将"全民阅读"纳入政府重点工程。我国阅读推广活动因此得到蓬勃发展。

公共图书馆是为社会民众提供阅读服务的文化机构，理应实现其广泛的社会职能，提升阅读推广能力，营造全民阅读氛围。

二、我国阅读推广理论的发展概况

西方国家的阅读推广活动通常由政府主导，与有关组织合作，在社会上形成"重读促读"的良好风气，从而促进阅读事业发展。由于图书馆是一个国家最基本、最重要的文化机构，是知识传播和交流的中心，所以我国的阅读推广服务与图书馆事业密切相关。古代名士向他人推荐书目，可以说是中国早期的读书指南。李正辉在《推荐书目源流考》一文中将之追溯至《国语·楚语·申叔时论傅太子之道》，申叔时给士亹推荐春秋、世、诗、礼、乐、令、语、故志和训典九种文献以教育太子。唐初释道宣所编《大唐内典录》，为信众推荐佛教典籍。有学者则以出土自敦煌的《杂抄》为现存最早的推荐书目，该书目为学子列了一份包含 25 种图书的书目清单。其后历代为指导读书治学均有推荐书目产生，如元代程端礼《程氏家塾读书分年日程》、清代龙启瑞《经籍举要》、张之洞《书目答问》等。1912 年至今，推荐书目一直被广泛应用于阅读指导及推广活动中，胡适、梁启超、钱穆、蔡尚思、王余光等学者及一些机构均列过推荐书目。

20 世纪初，我国陆续出现新式图书馆，图书馆除了收藏中西书刊，还举办读书会、展览会、巡回讲座、读者竞赛（演讲比赛、时事测验、健康比赛）等阅读推广活动，并通过设分馆、图书流通处、图书代借处，办理巡回文库（又称流通图书馆）等方式推广阅读。80 年代，全国各地普遍开展"振兴中华"主题读书活动。周文骏在《图书馆学情报学词典》一书中指出：图书馆一项重要的服务就是对读者的阅读目的、阅读内容和方法产生正面的作用。① 沈继武在《藏书建设与读者工作》一书中对阅读指导工作进行了界定：指导阅读应以了解读者和读者的需求为出发点，积极地影响读者的阅读行为；让学生正确理解文献内容，并学习如何使用文献和图书馆。② 可以看出，图书馆的阅读指导工作是对读者的阅读行为进行干预、服务。

20 世纪 90 年代，黄本华认为："图书馆读者导读工作是以图书馆的文献资源和馆舍设施为基础，以引导和影响读者阅读，提高阅读效率，提高选择和阅读文献的能力，提高利用文献的水平等为目的，以图书馆特定的工作方法为手段的一种活动（行为）过程。"③ 张启新认为，读者导读工作是指图书馆工作人员依据读者求知具体内容范畴来对读者开展指导、讲解、注读、搜索、查找等时所开展的一种行为。该行为涉及四大要素，第一是活动主体，第二是活动客体，第三是活动过程，第四是活动环境，该行为是受两大主角影响的，即主体和客体，属于一种"双向行为"，更是基于图书馆馆员和阅读服务受众而形成的不断探究和求知的过程。④ 由学者们的论述可以看出，图书馆阅读指导或导读是一个宽泛的概念，涵括了图书馆使用指导、阅读内容与方法指导、目录及工具书使用方法指导、文献检

---

① 周文骏 . 图书馆学情报学词典 [M]. 北京：书目文献出版社，1991.

② 沈继武 . 藏书建设与读者工作 [M]. 武汉：武汉大学出版社，1987.

③ 黄本华 . 近几年关于图书馆读者导读工作研究概述 [J]. 图书馆理论与实践，1996（3）：31-44.

④ 张启新 . 读者导读学初探 [J]. 山西大学学报（哲学社会科学版），1992（3）：95-98.

索知识教育等所有指导、引导或辅导读者利用图书馆文献与阅读的服务及活动。从图书馆重点工作演变历史来看，过去被统括于导读工作范畴的内容逐渐分化并进一步拓展，成为专门的实践及研究领域，如参考咨询、信息素养教育，以及应时代要求脱颖而出的阅读推广。

如上所述，我们追寻国内阅读指导或导读工作的发展历史，20世纪初期，我国图书馆事业还处于建立图书馆网络、健全现代图书馆服务功能的状态，阅读推广意识较弱，阅读推广活动较零散，其目标、理念、模式、规模等与当今提出的阅读推广均不可同日而语。以1997年中宣部等九部门联合发出的《关于在全国组织实施"知识工程"的通知》为标志，我国政府部门开始有意识地倡导社会阅读，主要目的是创新和优化图书馆工作，倡导读书，宣传图书馆文化，促进社会文化发展，培养人民群众爱读书、主动进入图书馆阅读的好习惯，形成阅读文化风尚，从根本上增强人民群众的思想道德水平和文化素养。2000年，全国"知识工程"领导小组把每年的12月定为"全民读书月"；深圳市委、市政府率先发起"深圳读书月"活动。2004年4月23日，全国"知识工程"领导小组和文化部联合主办、中国图书馆学会和国家图书馆承办了以"倡导全民阅读，建设阅读社会"为主题的"世界读书日"宣传活动，进一步推动了我国阅读推广工作的进程。2006年，中国图书馆学会科普与阅读指导委员会成立；其年，作为特定术语的"阅读推广"一词开始在文献中正式使用。2008年，中国图书馆学会发布了《图书馆服务宣言》，第6条为"图书馆努力促进全民阅读。图书馆为公民终身学习提供保障，促进学习型社会的建设"，宣示了我国图书馆所肩负的阅读推广使命。2009年，中国图书馆学会科普与阅读指导委员会于换届时更名为"阅读推广委员会"。此后，在图书馆界的大力呼吁与不懈努力下，国家政府文件或宣传中均越来越多地表现出对社会阅读问题的重视与支持，越来越多的组织及个人加入到阅读推广事业中来，在短短十余年间，开展了广泛丰富的阅读推广实践活动，掀起了阅读推广大潮，产生了众多示范单位、阅读推广品牌与先进个人，阅读推广愈见成效。

阅读是国民教育及文化传承的基础。随着国家日益重视文化在国家发展战略中的重要地位，2011年党的十七届六中全会通过《中共中央关于深化文化体制改革、推动社会主义文化大发展大繁荣若干重大问题的决定》，指出"文化越来越成为民族凝聚力和创造力的重要源泉、越来越成为综合国力竞争的重要因素""建设优秀传统文化传承体系。优秀传统文化凝聚着中华民族自强不息的精神追求和历久弥新的精神财富，是发展社会主义先进文化的深厚基础，是建设中华民族共有精神家园的重要支撑"，提出要大力发展公益性文化事业、建设优秀传统文化传承体系，把深入开展全民阅读活动作为加快城乡文化一体化发展的重要内容。2016年，《中华人民共和国公共文化服务保障法》《全民阅读"十三五"时期发展规划》相继出台。《全民阅读"十三五"时期发展规划》是我国首个国家级全民阅读规划，旨在推动全民阅读工作常态化、规范化发展，标志着全民阅读已上升至国家战略高度。2017年《政府工作报告》继续提出要大力推动全民阅读。同年，《中华人民共和国公共图书馆法》于11月通过，第33条将公益性讲座、阅读推广、培训、展览列为公共图书馆应向公众免费提供的服务，第36条要求公共图书馆通过开展阅读指导、读书交流、演讲诵读、图书互换共享等活动来推广全民阅读。

读书可以让人保持思想活力、得到智慧启发、滋养浩然之气；体现一个国家综合实力最核心、最高层的，还是文化软实力；中华优秀传统文化是中国在世界文化激荡中站稳脚跟的根基。在国家层面对于全民阅读问题的重视与支持，加之中国图书馆学会阅读推广委员会的多方引领之下，我国阅读推广事业近十年来发展迅猛。中国图书馆学会通过建立阅读推广专业委员会，召开阅读推广峰会，评选示范基地、优秀组织、优秀项目，开展阅读推广人培训，组织出版阅读推广教材等方式，来引领全国阅读推广工作。目前，中国图书馆学会阅读推广委员会分委会已从创建时的 15 个增加至 21 个。自 2006 年起，中国图书馆学会开始组织召开"全民阅读论坛"，自 2013 年开始举行"全民阅读推广高峰论坛"。各分委会也举办了很多极具特色的研讨会，如经典阅读推广委员会于 2013 年起开始举办"经典亲近边疆·边远行"活动。这些研讨会对阅读推广事业的发展起到了积极的推动作用。

在建设全民阅读社会的呼声下，我国图书馆、出版社、书店、传媒机构、营利性机构（如亲子教育机构、国学培训机构、会员制的图书出借机构、移动阅读平台）、学校或研究机构、政府及相关公益机构、社会团体（如志愿者组织"故事妈妈"）、个人等踊跃加入阅读推广队伍，在各自的领域开展了题材丰富、内容多样的阅读推广活动。阅读推广在图书馆全局工作中的位置已然改变。过去有些图书馆也会举办一些展览、讲座、读书竞赛等阅读推广活动，但都是零星的、可有可无的、非系统非常态的。当前，阅读推广已经成为图书馆工作的重要组成部分。

2015 年，教育部修订颁布的《普通高等学校图书馆规程》指出，高中图书馆既是学校的文献信息资源中心，也是校园文化和社会文化建设的重要基地；高中图书馆要致力于文化宣传和体系建设活动开展，有效创建互联网媒体平台，创新图书馆阅读推广等文化类活动。2017 年，《文化部办公厅关于开展第六次全国县级以上公共图书馆评估定级工作的通知》将"阅读推广与社会教育"列为评估重点，数量指标包括：讲座培训次数、展览次数、阅读推广活动数量、数字阅读量占比、每万人参加读者活动人次、阅读指导、图书馆服务宣传推广。

为推进阅读推广工作，许多图书馆从空间与设施、人员与服务等方面重新规划，设置专门的阅读推广部门或岗位，配置富有吸引力的阅读空间，采用新模式、新技术、新方法来开展阅读推广工作，增强阅读推广的效果。一些书店的阅读推广工作令人耳目一新，如钟书阁、先锋书店、诚品书店、西西弗书店等。媒体推出《朗读者》《中国诗词大会》《见字如面》等大受好评的节目，使大批观众接触、了解及阅读更多有价值的作品。随着现代科技的发展，一些平台也加入阅读推广群体，例如，数字阅读平台掌阅、QQ阅读、天翼阅读、书旗小说、微信读书等。志愿者群体，如"故事妈妈"志愿者服务队在青少年阅读推广方面起到了良好的作用。

目前，不同阅读推广主体之间的合作日益增多，举办了大量极具创意的阅读推广活动，形成了一种文化现象、一股社会风潮。

第二节　阅读推广的定义

"阅读推广"一词翻译自"Reading Promotion"，"Promotion"除"推广"外，还有"促进、提升"之意，所以也有人将"Reading Promotion"翻译为"阅读促进"。"Reading Promotion"常见于联合国教科文组织、美国国会图书馆、美国国家艺术基金会的"大阅读"项目，以及国际图书馆协会联合会等倡导全民阅读的组织、机构的网站和工作报告。但是在英语世界，无论是机构网站、工作报告、期刊论文，都没有赋予"Reading Promotion"一个学术性的定义，人们普遍认为"Reading Promotion"是一个意思清楚的词汇，无需专门定义。在国际社会发起全民阅读倡议之后，我国迅速响应，顺理成章地借用了"Reading Promotion"这个概念，通常将其翻译为"阅读推广"。自1997年以来，"阅读推广"逐渐成为国内图书馆界、出版界的一个常用词、高频词。

按照字面理解，"阅读推广"是为推动全民阅读的实现而开展的所有引导阅读、激励阅读的活动的统称。迄今为止，图书馆界整合各家见解，最郑重、最周全地给"阅读推广"下定义的是张怀涛先生。他在收集、分析 10 余位学者观点的基础上，将"阅读推广"定义为："社会组织或个人为促进人们阅读而开展的相关活动，也就是将有益于个人和社会的阅读活动推而广之；详言之，就是社会组织或个人为促进阅读这一人类独有的活动，采用相应的途径和方式，扩展阅读的作用范围，增强阅读的影响力度，使人们更有意愿、更有条件参与阅读的文化活动和事业。"① 即在图书馆和社会有关部门的帮助下，养成阅读的习惯，并引起读者的阅读兴趣，提高读者的阅读能力，从而推动大众阅读所做的所有工作。王波将"阅读推广"定义为："以提高人类文化素质、提升各民族软实力、加快各国富强和民族振兴的进程为战略目标，而由各国的机构和个人开展的旨在培养民众的阅读兴趣、阅读习惯，提高民众的阅读质量、阅读能力、阅读效果的活动。"② 他认为该定义是一个国际化的定义,因为它提及"各民族""各国"。如果我们将"各民族""各国"替换成"中华民族""中国"，那么该定义就变成了"中国阅读推广"的定义。

人生有涯，而知识无涯，以有涯人生面对无涯知识，只能择善而读，所以好书需要挑选，阅读需要引导。阅读推广服务于一切合法的阅读目的，不论是以实用为目的的阅读，还是以娱乐为目的的阅读，都不应被歧视或被讽刺。由于阅读兴趣、阅读习惯、阅读质量、阅读能力、阅读效果等决定了一个人阅读的内容与范围，所以阅读推广服务大多基于这五个维度展开。

---

① 张怀涛 . 阅读推广的概念与实施 [J]. 河南图书馆学刊，2015（1）：2-5.
② 王波 . 图书馆时尚阅读推广 [M]. 北京：朝华出版社，2015.

第三节 阅读推广的理论特征

一、阅读推广的属性定位

（一）阅读推广是图书馆服务的一种形式

图书馆要想有序落实阅读推广服务，必须将其当作工作的核心。图书馆阅读推广，不管是编写引文目录、组织阅读，还是开展家庭活动，都是给予读者阅读服务活动参与权。图书馆肩负着社会教育的责任，这对阅读推广产生了一定影响。很多人认为，应充分发挥图书馆的教育功能，开展多种形式的读者教育活动，比如阅读内容教育（如阅读经典文学作品）、阅读方法教育（如有详有略）、阅读环节中个人喜好的教育（如调整儿童阅读姿态、禁止衣冠不整者进馆）。我们认为，图书馆开展阅读推广活动是为了引导读者爱上阅读，而不是帮助读者树立良好的人生观和价值观。

19世纪末，杜威提出图书馆学教育思想，他认为公共图书馆应该作为社会教育机构充分发挥自身教育职能。然而，没有任何迹象表明，图书馆管理员的职业道德水准比大众更高。西方图书馆学思想传入中国后，产生了广泛影响。进入21世纪，我国图书馆界开始关注"图书馆权利"这一议题。比较不同版本的《公共图书馆宣言》，可以看出国际图书馆界对于公共图书馆教育职能认识的变化。1949年版的《公共图书馆宣言》（以下简称《宣言》）表示，公共图书馆可以直接参与对公民的教育。《宣言》中设有"公共图书馆是民主的教育机构""人民的大学"等小标题，可见当时对教育的重视。1994年修订版的《公共图书馆宣言》不再将图书馆当作教育机构，表示图书馆只是一扇"通往知识的大门"，为人们提供公平的服务。人们对图书馆服务和教育职责的固有认知，阻碍了高中图书馆阅读推广服务的发展。图书馆阅读推广服务无论是哪个方面都具有一定教育性，因此我们很有可能将其当作教育读者的工作而不是服务读者的工作。

（二）阅读推广是活动化的服务

图书馆阅读推广服务与传统服务区别较大。图书馆传统服务包括图书期刊阅览、多媒体阅览、电子阅览、文献外借及参考咨询等，适用于安静的空间和环境。而图书馆阅读推广服务，如读书分享会、座谈会、阅读竞赛等，无论是与会者的发言还是表演活动，都破坏了那份安静。美国奈特基金会曾将歌舞表演融入图书馆阅读推广服务之中，受到读者的喜爱。对此，很多中国图书馆人产生质疑。如何转变中国图书馆人的这种观念，以适应当下图书馆阅读推广服务的需要，是当前图书馆学研究的一个新课题。图书馆学家吴建中在 2012 年中国图书馆年会上做了题为《图书馆转型与超越》的报告，其中列出了国际图联大都市委员会在《大都市图书馆现状的调查》中提出的影响图书馆发展的四个新指标，即推广活动、社会媒体、数字流通、数字参考。为此，很多图书馆将推广活动作为一项重要的衡量指标。

当前，图书馆开展阅读推广活动时往往沿用传统模式，缺乏创新精神，数字化及信息化服务落后，没有全面考虑读者的阅读需求。图书馆管理者应从激发读者阅读兴趣的角度创新活动设计，引导读者主动阅读。比如，即使图书馆布局没有大的改变，也可在寒暑假、周末推出各种主题阅读活动。这种活动化的服务导致图书馆从过去由馆长主导经营，转变为由多个部门协作设计、提供服务资源。面对多元化、活动化的阅读推广服务，图书馆工作人员的工作量及工作难度大幅提升，因此图书馆可从服务提供方转变为活动策划方，招募一定数量的志愿者加入服务队伍。

（三）阅读推广需要介入式服务

图书馆能够为读者提供海量的知识与资讯，其重点受众是特殊人群。2012 年，国际图联发布《图书馆员及其他信息工作者的伦理准则》，其中"中立、个人操守和专业技能"条款指出："在馆藏发展、信息获取和服务等方面，图书馆馆员和其他信息工作者应当严守中立和无偏见的立场。中立才能建设最为平衡的馆藏，并为公众提供最为平衡的信息获取渠道。""图书馆馆员和更多信息工作人员应区别其个人信仰与专业岗位职责。他们不可由于私人利益和个人信仰而影响其职业可信性。"图书馆按照类别排列书籍，公开馆藏目录。工作人员只负责提供资料和咨询，而不参与选择和引导。图书馆馆员必须深入了解读者的阅读需求，采取有效的方法引导读者阅读相关读本。例如，在一些奖励丰富的知识比赛中，图书馆馆员会清楚地告知人们，题目的答案来自某些读本，即给予读者一个清晰的指示。

根据读者的阅读记录编制阅读推广目录，是一种中立的做法。而在更加普遍的情况下，图书馆馆员是基于主观判断来推荐阅读书目的，所以读者对图书馆的阅读推广服务多持审慎态度。对于图书馆阅读推广服务，图书馆馆员恪守职业道德，不介入读者"读"的进程，但无法保证特殊群体能够消除阅读障碍。图书馆应为弱势人群、优抚人群、边缘人群等特殊群体提供有针对性的阅读推广服务，以图书馆为服务主阵地，营造关爱特殊人群的良好社会风尚。20 世纪 90 年代后期，以平等为原则的阅读推广服务受到很多评论家的批评。介入式服务看似在很大程度上不符合图书馆规范，实则是一种公平服务的延伸，使特殊人群能够平等地享受文化权利、消除阅读障碍。

二、阅读推广的目标人群

（一）阅读推广的目标人群分类

公共图书馆的服务对象是社会大众，不拒绝每一个人，但并非所有人都能享受其服务。因此，图书馆应充分考虑读者的特殊需求。

1. 普通人群

图书馆传统服务如推荐新书、阅读竞赛等是均针对普通人群的阅读推广活动。这里所说的普通人群，是指具有一定阅读意向及阅读水平，认同图书馆的社会价值，在没有图书馆馆员帮助的情况下，也能正常使用图书馆各类资源和服务的人群。针对这类人群，图书馆可以引导其提高阅读质量、阅读效率，提供个性化、人性化的服务。比如，一些高中图书馆进行细致的图书采访工作，从浩如烟海的图书市场中选取适合本校学生阅读的书籍，以激发学生的阅读兴趣。普通人群更容易接受有助于提升文化素养的图书馆阅读推广服务。

2. 特殊人群

"特殊读者指不能使用常规图书馆资源的人群。这些人包括但不限于下列人群：在医院或监狱的人、无家可归的人、在养老院和其他保健设施的人、聋人、患有阅读障碍症或老年痴呆症的人。"[1] 图书馆应重点关注这些因生活条件或身体、精神与认知障碍无法使用现有图书馆服务的人。不能直接借助图书馆资源满足自身阅读需求的人群、受文化素养影响无法享受图书馆服务的人群、受年龄和身体因素影响不能自由出入图书馆的人群以及不喜欢阅读的人群等特殊人群的共性是无法正常利用图书馆资源与

---

[1] 夏立新，李成龙，孙晶琼. 多维集成视角下全民阅读评估标准体系的构建 [J]. 中国图书馆学报，2015（6）：13-28.

服务。

《公共图书馆宣言》特别强调，公共图书馆需要为这类人群提供特殊服务。图书馆阅读推广对普通人群来说仅是一种辅助服务，但对特殊人群来说则是不可或缺的。当前，以特殊人群为主要受众的阅读推广服务，如有声阅读、送书上门、亲子阅读等，让大众受到经典阅读的熏陶，进而提高综合素养。

（二）阅读推广与公平服务

公共图书馆具有为社会公众提供平等服务、促进信息公平的责任。信息公平是指信息主体在获取信息的活动中起点和资格的平等。与传统图书业务相比，图书馆阅读推广服务收益较低、成本较高。比如，图书馆馆员为读者讲述一篇新闻报道的费用，通常要高于读者自行阅览新闻的费用。尽管全球图书馆的经营状况大多不容乐观，但阅读推广作为一项成本较高的服务却成为图书馆的主营业务。究其原因，必须认识到当代图书馆为特殊人群提供服务的特殊性。《中华人民共和国公共图书馆法》（简称《公共图书馆法》）指出："公共图书馆应当按照平等、开放、共享的要求向社会公众提供服务。"《公共图书馆宣言》指出："公共图书馆是开展教育、传播文化、提倡包容和提供信息的有生力量，也是发挥所有人的才智实现社会可持续发展、个人和平与精神充实的重要机构"，"公共图书馆应不分年龄、种族、性别、宗教、国籍、语言、社会地位和任何其他特征，向所有人提供平等的服务。必须向由于各种原因不能利用其常规服务和资料的人，如少数语言群体、残疾人、缺乏数字或计算机技能的人、读写能力较差的人、医院病人及服刑人员等，提供特别服务和资料"。

当前，许多信息服务机构都向公众提供有偿服务，以谋取利润为发展方向。在很多城市，收费问题是人们获取信息的一个重要阻碍。而公共图书馆因其公益性而坚持无偿服务原则。《公共图书馆法》对公共图书馆的建设、运行、服务、管理和保障等做出了具体规定，尤其是在免费服务方面，提到了四类：分别是文献信息查询、借阅；阅览室、自习室等公共空间设施场地开放；公益性讲座、阅读推广、培训、展览；国家规定的其他免费服务项目。然而，一些经济欠发达城市公共图书馆的馆藏书籍较少，无法满足公众阅读需求。很多人宁愿将精力浪费在手机上也不喜欢读书。对此，朱永新先生在进行新教育实验时呼吁人们亲近图书，以培养"精神饥饿感"。他认为"阅读就像美食一样。吃了好吃的东西，就不断想吃；读了好的书，也会让你不断地去找好书读"。一些人因不读书而"饥饿"，甚至会出现精神空虚、疲惫等感觉。通过阅读经典书籍，人们的精神世界得到丰富和升华。[①]

（三）阅读推广的服务目标

图书馆阅读推广的一个重要目的就是让具有一定阅读意愿的人产生"精神饥饿感"，使更多的人认识到图书馆的社会价值，主动参与图书馆活动，主动阅读书籍。图书馆还可以提升专业文献的比例，优化相应的服务流程。

1. 使不爱阅读的人爱上阅读

公共图书馆通过开展生动活泼、形式多样，甚至有奖励的阅读推广活动，来激发不爱阅读者的主观能动性，使他们爱上经典著作，乃至爱上阅读。比如，国外某慈善基金会推出一个亲子阅读推广计划，很多图书馆参与其中。此活动针对不爱阅读的男孩儿家庭，由阅读助理指导男孩儿与父亲一起阅读书籍。调查数据显示，大多数参与活动的男孩儿并不排斥读书，但阅

---

① 朱永新．"精神饥饿感"促使我坚持阅读 [EB/OL].[2017-05-10]. https://www.ourjiangsu.com/a/20170510/1494378499585.shtml.

读量较小；和父亲一起读书，极大地提升了男孩儿的阅读兴趣。该阅读推广活动目标明确，就是要培养男孩儿的阅读兴趣，最终取得良好的效果。

2.使不会阅读的人学会阅读

公共图书馆阅读推广服务可帮助不会阅读的人学会阅读。这类人受身体状况、教育程度、经济条件等因素影响无法自主阅读，但是他们具有阅读意愿，渴望通过阅读书籍获得快乐或改变生活状态。比如，有些幼儿具有较强的阅读意向，但是他们不认识字或认字很少，没法自主阅读书籍。图书馆的传统服务不能满足幼儿的阅读需求，必须由工作人员挑选适合幼儿阅读的读本，并通过读书会、故事会、知识竞赛等形式，让幼儿在家长、工作人员的指导下阅读书籍。

3.使阅读有困难的人消除阅读障碍

公共图书馆阅读推广服务可帮助阅读有困难的人消除阅读障碍，比如残疾人、不便外出的老人等。图书馆可以提供送书到家、有声阅读等阅读推广服务，使该类人群享受到阅读的乐趣。比如，上海浦东图书馆推出盲人数字阅读推广工程，为视障读者提供智能听书机，满足了视障读者的阅读需求。有视障者在使用智能听书机后表示，早些年听书读物并不多，而现在能听的读物品类已经和普通读物在数量上非常接近了。

第四节 阅读推广的理论流派

当前，许多学者从理论和实际经验出发，对图书馆"阅读推广"这一概念进行了较为客观的描述，这在一定程度上说明图书馆事业蓬勃发展。接下来，我们将梳理阅读推广理论的各个流派，深入理解、探究阅读推广基础理论，为具体实践提供理论支持。

一、使命类：使命说

使命说的代表人物是深圳图书馆前馆长吴晞。他在《任务、使命与方向：图书馆的阅读推广工作》一文中指出："阅读推广是图书馆发展的根本使命，是图书馆发展的历史和现实的要求。"[①]他将阅读推广上升到图书馆使命的高度，是有充分理论依据的。2003 年，英国文化、媒体和体育部发布报告《未来的框架》。作为政府指导图书馆事业的重要政策指南，该报告提出，"阅读是所有文化和社会活动的首要任务"，并将"阅读推广和促进非正式学习"作为三个新的图书馆现代使命的首要使命。《公共图书馆宣言》将阅读推广当作重要使命及"公共图书馆服务的核心"。2011 年，国际图联素养与阅读专业委员会发布《在图书馆中用研究来促进识字与阅读：图书馆员指南》，这是该委员会发布的唯一指南，强调"图书馆在促进识字和阅读中占据着独一无二的地位，因为这是它们的使命"。

在实践领域，许多图书馆将阅读推广纳入发展规划。例如，广州图书馆将"促进各年龄群体培养和保持阅读习惯，营造良好的社会阅读氛围，使阅读成为公众生活中不可或缺的部分"作为图书馆使命。当下，图书馆在扫盲工作、素养教育、兴趣培养等方面有着重要影响力。"使命说"将"阅读推广"定位为图书馆的使命和基本方针，将"阅读推广"当作图书馆核心价值的体现，这有助于图书馆将"阅读推广"纳入行业宣言、发展战略、政策文件中，形成管理自觉；有助于在图书馆管理中，对"阅读推广"进行顶层设计，在服务方向的掌握、服务项目的策划、服务资源的组织等一系列问题上进行统筹协调和总体部署。

[①] 吴晞. 任务、使命与方向：图书馆的阅读推广工作 [J]. 图书馆杂志，2014（4）：4.

二、实践类

（一）活动说

在国外，美国图书馆协会发布的媒体专家评估系统术语词汇表中，对"阅读推广"这一专业术语的描述是：阅读推广，鼓励独立自主选择学习或休闲的任何项目或活动。

在国内，"活动说"的代表人物有张怀涛、王余光、刘勇等。在实践领域，各大图书馆以多种形式开展阅读推广服务，如知识竞赛、读书会、亲子阅读、真人图书馆等，最鲜明的特点就是活动化。因此，许多学者将"阅读推广"视为一种促进大众阅读的活动。

2012年，于群和李国新在《公共图书馆业务培训指导纲要》一书中表示："阅读推广是指图书馆通过开展各种阅读活动，向广大市民传播阅读知识，培养市民的阅读兴趣，促进全民阅读。"[①]2015年，张怀涛结合实践经验，从阅读推广活动视角出发，将阅读推广实施过程分成6个步骤：明确主旨、创造条件、周密运筹、协作推进、打造品牌、提升自己。[②]王余光和王波重视阅读推广的质量，他们认为阅读推广应是有计划的活动。王余光与课题组成员通过4年的调查和研究，在国家社科基金重点项目"建设学习型社会与图书馆的社会服务研究"报告中提出公共图书馆阅读推广这个概念：由公共图书馆独立或者参与发起组织的，普遍地面对读者大众的，以扩大阅读普及度、改进阅读环境、提高阅读者阅读质与量等为目的，有计划、有策略的社会活动。王波认为，图书馆馆员能分辨图书馆阅读推广的边界，图书馆阅读推广的关键因素是创意和策划，所有图书馆阅读推

---

① 于群，李国新. 公共图书馆业务培训指导纲要 [M]. 北京：北京师范大学出版社，2012.

② 张怀涛. 阅读推广的概念与实施 [J]. 河南图书馆学刊，2015（1）：2.

广活动都有一定的创新性。

可见，阅读推广作为一项越来越被人们所关注的活动，并非随意开展，对场地、设施、资金、人力等方面均有较高要求。这也是王余光与张怀涛等人观点的最主要区别。

"活动说"明确了阅读推广活动的全流程，包括前期策划、准备工作、协作推进、后期评定等。但是阅读推广并不等同于"活动"。最早的阅读推广是推荐书目，不是动态的活动，而是静态的服务。推荐书目至今仍然是很多图书馆的常规推广手段。

刘勇和郭爱枝以浙江农林大学图书馆为例，阐述了该馆实施的图书漂流、知识竞赛、推荐书目等阅读推广实践活动。在他们看来，推荐书目是图书馆阅读推广的重要手段，在正确引导学生阅读方面起着至关重要的作用。[①]

"活动说"把阅读推广定位于"活动"，但是活动的"动态性"限制了阅读推广的实施范围，不可以涵盖静态服务。同时，"活动说"也不利于我们从宏观角度深度探究阅读推广理论，从而使阅读推广实践呈现碎片化现象。

（二）工作说

"工作说"的代表人物是万行明和王辛培。万行明表示："阅读推广即推广阅读，就是图书馆及社会相关方面为培养读者阅读习惯，激发读者阅读兴趣，提升读者阅读水平，进而促进全民阅读所从事的一切工作的总称。"[②] 王辛培表示："阅读推广是图书馆、出版机构、媒体、网络、政府及相关部门等为培养读者阅读习惯、激发读者阅读兴趣、提升读者阅读水平、

---

① 刘勇，郭爱枝. 高校图书馆开展阅读推广活动的实践与经验——以浙江农林大学图书馆为例 [J]. 图书馆工作与研究，2013（10）：110–112.

② 万行明. 阅读推广 [J]. 当代图书馆，2011（1）：8–9.

促进全民阅读所开展的有关活动和工作。"[①]

显然，"工作说"涵盖所有动态和静态阅读推广项目，较"活动说"更为全面地定义了阅读推广的概念。从工作层面阐述阅读推广这一理念，有助于提高图书馆工作人员的阅读推广意识。他们积极推进阅读推广工作，使阅读推广工作规范化、系统化。

（三）服务说

"服务说"的代表人物是范并思。他认为，阅读推广是图书馆服务的一种形式，研究图书馆阅读推广，首先要把它当作一种图书馆服务。他在《阅读推广的理论自觉》中表示，阅读推广作为一项新兴的图书馆服务，已成为现代图书馆的主流服务。[②]图书馆的核心价值是，图书馆界对于自己的责任或使命的一种系统说明，以规范、简洁的语言表达图书馆人的职业信念。作为一种图书馆服务，阅读推广必须符合图书馆核心价值观。国际图联的核心价值："认可信息、思想、作品获取自由的原则，以及《世界人权宣言》第19条关于言论自由的规定。人类、社团、组织出于社会、教育、文化、民主、经济等方面的目的和需求需要，广泛和公平地获取信息、思想和作品的信仰。"美国图书馆协会发布的图书馆核心价值包括"获取""民主""知识自由"等11项。

可是，当知识自由与平等获取产生矛盾时，又该怎么解释呢？对于这一问题，范并思认为，图书馆阅读推广需要介入式服务，即主动为无法正常利用图书馆的人群提供特殊服务；为特殊人群提供介入式服务是图书馆管理趋于成熟的标志。

---

① 王辛培.阅读推广活动机制创新研究 [J].图书馆界，2013（1）：80-82.
② 范并思.阅读推广的理论自觉 [J].国家图书馆学刊，2014（6）：3-8.

虽然很多学者认为，"阅读推广"是一种图书馆服务，但都没有从这一角度去定义"阅读推广"。"服务说"将"阅读推广"定位于一种服务，界定了阅读推广的服务形式、目标群体和使用价值。当前，阅读推广是图书馆服务的重要内容。"服务说"有利于图书馆人在实践中遵循普遍开放、平等服务、以人为本的服务理念，从而保证图书馆服务的公平性。

（四）实践说

"实践说"的代表人物是谢蓉、刘炜和赵珊珊。他们在《试论图书馆阅读推广理论的构建》一文中表示："图书馆阅读推广是图书馆利用其信息资源、设备设施、专业团队和社会关系等各种条件，鼓励各类人群成为图书馆的读者，并培养其阅读兴趣、养成阅读习惯或提升其信息素养的各种实践。"[①] 图书馆服务的重点是促进阅读，因此上述定义将"读者发展"作为其明确而坚定的目标，将"信息素养"培育作为阅读推广的重要目标，并且将图书馆所做的各种努力都纳入阅读推广的范畴。"实践说"综合了"活动说""工作说""服务说"，因为涉及阅读推广的活动、工作和服务都是阅读推广实践。"实践说"将阅读推广定位为一种常规的图书馆实践，拓展了阅读推广的范畴。

三、休闲类：休闲说

"休闲说"的代表人物是于良芝。该说法是西方学者最先提出的。祖哈指出，在 1920—1930 年，阅读推广是美国高校图书馆馆员的重要工作。

---

① 谢蓉，刘炜，赵珊珊.试论图书馆阅读推广理论的构建 [J]. 中国图书馆学报，2015（5）：87−98.

1927 年，爱荷华大学图书馆建议学生每周都花一些时间去阅读与日常学习和工作无关的书籍。该图书馆在校园内建立了多间休闲阅览室，提供学生感兴趣的热门读物。当时美国多所院校图书馆都推行休闲阅读，这对阅读推广产生了较大影响。自此，美国图书馆界将关注重点从专业阅读转移到休闲阅读，学术界也进行了大量了研究。

于良芝在《图书馆阅读推广——循证图书馆学（EBL）的典型领域》一文中指出："根据图书馆界从事阅读推广的经验，图书馆阅读推广主要指以培养一般阅读习惯或特定阅读兴趣为目标而开展的图书宣传推介或读者活动。"[①]"培养阅读习惯或兴趣"这一目标决定了阅读推广试图影响的通常是休闲阅读行为，即与工作或学习任务无关的阅读行为。

杨莉、陈幼华和谢蓉则认为，传统阅读推广的定位是"休闲阅读"，而就其阅读能力而言是不分内容的，院校图书馆提升核心价值的关键路径必然是专业阅读推广。[②]王波以北京大学图书馆的学术类、教学类书籍阅读推广为例，指出院校图书馆的主业是满足师生的教学、科研、文化的传承与创新，副业才是满足师生的休闲阅读需求。[③]同样，大中型公共图书馆也有服务于地方教学科研和大众创业、万众创新等使命，阅读推广仅影响读者的休闲阅读行为是远远不够的。

---

① 于良芝，于斌斌．图书馆阅读推广——循证图书馆学（EBL）的典型领域 [J].国家图书馆学刊，2014（6）：9-16.

② 杨莉，陈幼华，谢蓉．高校图书馆开展专业阅读推广的实践探析 [J].图书馆杂志，2015，34（12）：29-37.

③ 王波．阅读推广、图书馆阅读推广的定义——兼论如何认识和学习图书馆时尚阅读推广案例 [J].图书馆论坛，2015（10）：1-7.

四、学科类

（一）阅读学说

"阅读学说"的代表人物是徐雁。他认为"学习之道，阅读之理，中外古今同一"，概括了"全员阅读推广"的基本内涵："对于社会群体来说，各行各业各阶层人员都应该成为阅读推广的对象；对于社会个体来说，阅读将是一种人生全过程的阅读，要牢固树立'活到老，学到老'的终身学习精神；无论是公益性的图书馆，还是商务性的书店，都应对所藏、所销读物进行全品种的积极推广，努力使所有图书资源都被人们消费。"①

长期以来，中国阅读学研究会积极举办阅读活动，促进全民读书。阅读学侧重于研究人的阅读行为与阅读过程，在图书馆阅读推广活动中，新书推荐、读书会等活动都需要阅读学理论的科学指导，读者的阅读行为、阅读动机、阅读过程的研究都与阅读学息息相关。

阅读推广是一个新的研究领域，需要吸收大量的知识，如阅读学、教育学、传播学等。曾祥芹认为，图书馆学与阅读学是相契的两大学科，需要从全员阅读推广的角度分工协作、各擅胜场；我国学者应吸收汉文阅读学、现代图书馆学的知识营养，运用科学阅读观来指导公众阅读实践。

（二）传播学说

"传播学说"的代表人物是谢蓉、刘开琼。2012年，谢蓉认为，阅读推广本质上是一种传播活动，符合传播学的基本原理；依据传播学理论，一切阅读推广活动都是对推广主体、阅读者、阅读对象及推广媒介等要素，在一定时空范围内进行设计、组合、组织与配置的结果，通过它们之

---

① 徐雁.阅读大变革，不是危机而是机遇 [N].中华读书报，2011-12-28（9）.

间的相互影响，达到诸如促进知识分享、提高精神境界、获得有用信息及愉悦身心等阅读目的。①2013 年，刘开琼将拉斯韦尔的"五 W 传播模型"应用于阅读推广，明确了阅读推广的五个要素：who（谁）、say what（说了什么）、in which channel（通过什么渠道）、to whom（向谁说）及 with what effect（有什么效果）。在这个基础上，刘开琼将阅读推广定义为：推广主体、阅读者、阅读对象及推广媒介等要素在一定时空范围内设计、组合、组织与配置的结果，通过它们之间的相互作用，让阅读成为人们实现知识分享、提升精神境界、获得有用信息及愉悦身心的一种渠道。②

姜利华认为，"五 W"方式具有局限性，既缺乏反馈机制及渠道，也未揭示传播的双向和互动性，图书馆的阅读推广必须具有反馈渠道，才能及时收集和处理各方信息、加强与读者的交流，才能推动阅读推广良性发展。③

"传播学说"将传播学理论应用于阅读推广这一新兴领域，将其当作传播活动来进行探究。近年来，许多研究者都从传播学角度探究阅读推广。王琳根据欧美国家幼儿阅读推广项目，结合我国实际情况，提出了基于"5W 理论"的幼儿阅读推广计划，主要内容包括：以青少年阅读推广委员会为推广主体，以阅读礼包为推广内容，以现场活动和网络媒介为推广渠道，以 0~3 岁婴幼儿为推广对象，以期实现我国婴幼儿无障碍阅读的目标。李臻从我国伤残人阅读推广现状入手，提出了基于"5W 理论"的残疾人阅读推广计划。

传播学是研究人类行为及传播过程规律的学科，传播学理论为阅读推广研究打开了新的思路。例如，怎样推广阅读、怎样促进互动、推广效果研究、阅读推广受众研究等。传播学与营销学密不可分，整合营销传播

---

① 谢蓉.数字时代图书馆阅读推广模式研究 [J].图书馆论坛，2012，32（3）：23-27.

② 刘开琼.高校图书馆阅读推广模式探究 [J].图书馆研究，2013，43（2）：64-67.

③ 姜利华.基于五 W 传播学理论的图书馆阅读推广研究 [J].图书馆学刊，2014（11）：60-62.

之父、美国西北大学教授唐·舒尔茨曾提出一个著名命题："营销即传播，传播即营销。[①]"从这个意义上讲，李超平提出的与公共图书馆阅读推广密切相关的图书馆营销理论也属于传播学范畴，值得传播学说借鉴。李超平认为，公共图书馆的市场营销和广告促销的目的是一样的，都是为了提高利用率。公共图书进行馆市场营销必须以读者需求为基础，设计营销"产品"，再按预先拟订的计划来销售"产品"，最后需要对营销效果做出评价。李超平还指出，由于我国图书馆在实践领域尚未接受"营销"这一专业术语，所以很多公共图书馆宁可设定"宣传推广部"而非"营销部"来实施实际上非常接近营销策略的诸多方案。[②]事实上，营销理论也适用非营利性组织。1997年，国际图联成立"管理与市场营销委员会"，2001年起运行国际图联营销奖。这表明，在全球图书馆界，图书馆营销已成为一个被普遍采用的名词。因此，我们应该接纳图书馆营销理论，积极地将之运用到阅读推广实践中，从而提升阅读推广的宣传效果。

第五节　阅读推广主要模式分析

一、以信息技术为支撑的阅读推广模式

（一）多媒体技术推广模式

多媒体技术是指计算机综合处理文本、声音、图像、视频等信息，使

---

① （美）唐·舒尔茨，海蒂·舒尔茨.整合营销传播[M].王茁，顾洁，译.北京：清华大学出版社，2013.

② 李超平.公共图书馆宣传推广与阅读促进[M].北京：北京师范大学出版社，2013.

用户可以运用多种感官与计算机实时交互信息的技术。在阅读推广过程中，图书馆人通常用多媒体技术进行宣传、推广。在图像技术方面，北京大学图书馆举办的"书读花间人博雅：北京大学图书馆好书榜精选书目 / 阅读摄影展"，以读者喜欢的画作模仿的形式宣传经典好书，并在线下和线上同步展出，传达"腹有诗书气自华"的理念，吸引了众多读者的目光。数据显示，图书馆官方微博相关博文阅读量已超 28 万，在榜书籍借阅量较之前均有提升，这表明该项阅读推广活动取得了较好的效果。在音视频技术方面，四川大学图书馆举办的"光影阅动——微拍电子书"活动，在微信、微博等平台投放以阅读推荐为主题的创意十足、内容精练的 60 秒短视频，使阅读推广活动极具趣味性，吸引更多的读者了解并参与图书馆的阅读推广活动。此外，各大图书馆也常用微电影的方式进行阅读推广，如清华大学图书馆"爱上图书馆"系列微电影、北京大学图书馆微电影《天堂图书馆》，都产生了较大影响。

（二）新媒体平台推广模式

在科技飞速发展的今天，以抖音、微博、微信为代表的新媒体平台，因应用门槛低、传播速度快、受众面广等特点被广泛应用于阅读推广活动。谢蓉将此种模式称为"社会化媒体推广模式"。当前，许多图书馆都开通了新媒体平台账号，得到了更多用户的关注。

微信因其开放的机制可以承载图书馆的业务办理，如读者导读、文献搜索、业务提醒、活动推介、预约座位等，更有利于图书馆开展阅读推广活动。例如，清华大学图书馆开通了微信公众号"清华大学图书馆"，用户可以使用"预约座位"等功能。

（三）大数据推广模式

当下，大数据被广泛应用于诸多领域，包括图书馆阅读推广。自 2012 年起，上海图书馆每年向读者推送一张阅读明细，内容包括上海图书馆人均借阅量、借阅量最大者借了多少册书、借阅频率最高的书被多少读者借过，以及读者的阅读轨迹等。读者根据自身年度阅读量获得文青、极客、书虫等称号。自 2013 年起，厦门大学图书馆为毕业生送上毕业贺礼"围·时光"，分五个部分：缘起、初恋、故事、书单、告别。图书馆将毕业生借阅数据用讲故事的形式展现出来，颇受毕业生青睐。

（四）游戏式推广模式

由于游戏具有极强的参与性，能够创新图书馆阅读推广的内容，所以成为图书馆界的一股新鲜活力。游戏式推广用互动性较强的网页游戏引起读者的兴趣，将阅读推广信息推送给读者，并与读者互动。例如，武汉大学图书馆推出的虚拟馆员小布，以及以小布为主角的新生通关游戏"拯救小布"，很好地宣传了图书馆阅读推广服务；以"经典阅读"为主题，推出的游戏"拯救小布之消失的经典"，上线首月参与人数达到 931 人、4300 多人次，85% 的读者认为该活动很好地宣传了经典阅读项目。

在游戏式阅读推广模式下，读者自觉、主动地关注、收集和整理与阅读相关的信息，不知不觉地受到优秀文化的熏陶。例如，清华大学图书馆推出的游戏"排架也疯狂"，读者需要根据书籍的索书号，将随机出现的书籍按照正确的排架方法排序。重庆大学图书馆推出游戏"我的任务"，设计了诸如注册邮箱、关注图书馆公众号、发表书评、义工活动、门禁签到等任务，读者完成相应的任务后可获得积分奖励。电子科技大学图书馆利用虚拟现实技术，构建虚拟导览系统，包含虚拟漫游、照片墙、知识地图、知识闯关四个模块，读者可在虚拟图书馆的各个阅览室中任意浏览。

（五）业务流程再造推广模式

业务流程再造推广模式是指图书馆根据阅读推广需求优化原有业务流程，改善读者的阅读体验。例如，中山大学图书馆提出"阅读无止境，借阅不限量"，不再限制书籍的借阅数量；长沙市图书馆、内蒙古自治区图书馆推出了手机 APP，读者可在手机上借书，由快递送书到家。

1. 读者证的激活

一些图书馆调整了原有的借阅证办理和使用流程，读者需要参加简单的培训甚至测试才能激活借阅证所有功能。这种方式能够让读者初步了解图书馆的概况和规则。例如，中山大学图书馆、重庆大学图书馆，读者登录图书馆门户后，需要参阅书籍借阅规则、电子资源使用规则，提交电子邮箱、联系方式等资料，才能激活借阅证。

2. 书评系统的业务流程再造

由于书评对于阅读具有重要的指导作用，所以许多图书馆为了提高评价率及阅读推广效果，专门开发了书评系统，系统会提醒读者为已借阅书籍做出评价。例如，重庆大学图书馆开发的书评系统，是一个典型的业务流程再造案例。首先，重庆大学图书馆成立了虚拟书友会，入会读者享有特殊的借阅权限，但是必须对所借书籍做出评价，否则不算归还；其次，设计荣誉制度，系统根据读者积分情况，将读者分为童生、秀才、举人、贡士、进士和状元六个等级，使读者产生荣誉感；最后，推行激励机制，评选"阅读达人"并给予一定奖励，同时在官方账号、馆刊、馆报或图书宣传资料上发布优秀书评。通过业务流程再造，图书馆馆藏借阅率大幅提升。

3. 电子阅读器和其他设备的借阅

2023 年，中国新闻出版研究院发布了第二十次全国国民阅读调查结果：2022 年我国成年国民各媒介综合阅读率持续稳定增长，为 81.8%，较 2021 年提升了 0.2 个百分点。其中，图书阅读率为 59.8%，较 2021 年增长了 0.1 个百分点；报纸阅读率为 23.5%，较 2021 年下降了 1.1 个百分点；期刊阅读率为 17.7%，较 2021 年下降了 0.7 个百分点；数字化阅读方式（网络在线阅读、手机阅读、电子阅读器阅读、平板电脑阅读等）的接触率为 80.1%，较 2021 年增长了 0.5 个百分点。[①]

当数字阅读成为阅读提质的最大增量，图书馆界当然不能缺席。包括上海图书馆在内的多家图书馆为了推广数字阅读，提供 Kindle、平板电脑等电子阅读器或借阅设备。

二、儿童阅读推广模式

（一）儿童阅读推广的定义

所谓儿童阅读推广，是指在科学的阅读观念引导下，向儿童及引导儿童阅读的人介绍正确的阅读方法及优秀的阅读材料，带动儿童阅读，使儿童体会到阅读的乐趣，进而爱上阅读。

（二）儿童阅读推广的重要意义

儿童时期是一个人习惯养成的重要阶段。儿童大脑发育还处于敏感时期，在这个阶段培养阅读兴趣，其作用将影响儿童一生。日本学者七田真

---

① 姜天骄. 第二十次全国国民阅读调查成果发布 [EB/OL].[2023-04-23].http://bgimg.ce.cn/xwzx/gnsz/gdxw/202304/23/t20230423_38514176.shtml.

认为，0~3 岁是培养儿童阅读兴趣和学习习惯的关键阶段；一个 3 岁就能读完一本书的幼儿具有较好的学习潜能。[①] 与成人阅读推广相比，儿童阅读推广传播费用更低、影响力更持久，对于培养儿童的阅读习惯、文学素养具有重要意义。一些西方发达国家已将儿童阅读推广纳入国家发展战略。

（三）我国儿童阅读推广的特点

我国更重视儿童阅读的教育意义，儿童阅读推广受众主要为学龄前儿童，针对 0~3 岁婴幼儿的阅读推广较少；对儿童阅读推广目标的理解有偏差，侧重于知识体系的构建，忽略了儿童的阅读需求；在实施方法上，多采用传统的阅读推广策略，如亲子阅读、分享阅读等则不多见。

（四）现代儿童阅读推广与传统儿童阅读观念的差异

传统的儿童阅读观念，是以儿童认字、学习知识、接受教育为主要目标，这种方式容易使儿童产生逆反心理。儿童阅读推广则是引导儿童爱上阅读，培养儿童的阅读思维。在传统的儿童阅读理念中，指导儿童阅读的人是受过专门培训的老师。儿童阅读推广则主张阅读日常化及亲子阅读，每日在家或学校阅读 5 至 10 分钟，多去书店、图书馆，引导儿童爱上阅读。

（五）基于"阅读是一种生活方式"的儿童阅读推广模式

联合国教科文组织 1994 年发布的《公共图书馆宣言》将"从小培养和加强儿童的阅读习惯"作为公共图书馆的一种使命。中国图书馆学会副理事长程焕文提出"阅读是一种生活习惯"的概念，指出当前图书馆阅读推广工作的重心及"全员阅读"的发展方向，并且为"全员阅读""书香

---

① （日）七田真 . 21 世纪 0 岁教育方案 [M].《21 世纪 0 岁教育方案》翻译组译 . 北京：中国轻工业出版社，2001.

城市"提供了一个具象化的考量标准——阅读变成人们的一种生活方式。为了达成这一目标，公共图书馆必须介入儿童阅读推广，使儿童自由地阅读书籍，培养文学素养。

（六）基于绘本载体的儿童阅读推广模式

1. 贯穿模式

贯穿模式是指图书馆联合社会公益组织，自儿童出生起就免费分发书籍，定期组织阅读活动，以提高儿童的阅读能力。

（1）英国"阅读起跑线"运动

20 世纪 90 年代，英国伯明翰图书馆联合多家基金会共同推出"阅读起跑线"运动，该运动主要目标是培养贫困家庭儿童的阅读能力，激发儿童的阅读兴趣。这项运动将 0~4 岁婴幼儿依照年龄分为三个阅读等级，免费为每一个等级派发对应的读物，以颁发"阅读证书"的方式吸引目标家庭参与主题阅读活动。

（2）美国"从出生就阅读"计划

20 世纪 90 年代，美国匹兹堡卡内基图书馆等多家图书馆联和推出"从出生就阅读"计划。几家公共图书馆与医疗机构合作开展儿童阅读活动，重点关注社会弱势群体家庭中的儿童阅读状况，内容包括绘本阅读、绘本讲述等，上门为儿童办理借阅证。该计划引导社会弱势群体家庭树立"从出生就阅读"的理念，使儿童从出生就接触书籍，掌握阅读能力，成为终身阅读的受益者。

（3）持续工程项目

持续工程项目模式是长期、持续规划的阅读推广模式，具有代表性的是奥地利科学院发起的"时间阅读"项目。该项目历时 7 年，重点发展非传统阅读服务，部分活动以家长为支持对象，与家长一起培养孩子的自主阅读能力及学习能力。

2. 分级模式

分级模式是指根据儿童身体、心理特征和阅读能力，提供阅读推荐、阅读指导、阅读活动的儿童阅读推广模式。例如，德国布里隆市图书馆推出"阅读测量尺"活动，即按照儿童的心智发育程度，为其推荐相应的书籍和科学的阅读计划。奥地利国家图书馆为新生婴儿提供婴儿包，内含为家长准备的阅读指南及精选读物；在孩子第二个生日时，为家长提供一本绘本和一个"阅读测量尺"，"阅读测量尺"根据儿童的年龄阶段给出相应的阅读指南，供家长参考。

3. 接力模式

接力模式是指图书馆借助绘本持续地、有规划地开展阅读推广活动。

（1）广州图书馆"爱绘本 爱阅读"儿童阅读推广系列活动

广州市图书馆以"由绘本爱上阅读——公共图书馆少年儿童阅读推广实践研究"项目为契机，开展"爱绘本 爱阅读"系列儿童绘本阅读推广活动，包括"周六晚，温馨夜"亲子读书会、"让阅读动起来"绘本创作等项目。亲子读书会重点培养儿童的阅读兴趣和阅读习惯。绘本创作重点培养儿童的逻辑思维能力和创新能力。图书馆在读书会中穿插绘本创作活动，将绘本单页制作成卡片，由儿童根据故事内容重新编排。

（2）江阴市图书馆"幸福的种子"儿童阅读推广系列活动

江阴市图书馆推出"幸福的种子"儿童阅读推广品牌，包括苗苗故事会、妈妈加油站、绘本之旅等项目。"苗苗故事会"每个月都发布一个主题，按照主题逐步开展绘本阅读推广实践，借助绘本的独特表达形式和语言、图片的力量，让儿童在绘本故事当中探寻自身、感受世界，将阅读和他们的成长过程紧密关联，塑造他们的人生观。"妈妈加油站"是江阴市图书馆绘本馆的特设版块，妈妈们将孩子阅读绘本的故事、经历及阅读过程中的问题和心得通过"妈妈加油站"和其他妈妈分享、交流，使得绘本馆成为亲子共读和亲子关系的乐园。"绘本之旅"交流窗为儿童和家长提供了一个绘本互换和阅读交流的平台。

4. 联动模式

联动模式是指在统一采购、编目、配送和通借通还的公共图书馆"总分馆"制度下，由总馆协调各分馆，联合开展阅读推广各项活动，拓宽影响范围，达到联动效果。台北市图书馆联合各分馆开展了绘本阅读推广活动。总馆结合儿童的身心发展、知识储备和生活经验，开展儿童英语阅读和美籍老师英语说故事等活动，激发儿童对英语阅读的兴趣，提高儿童英语阅读能力和口语交际能力；有的分馆开展英语电影欣赏活动，播放由儿童绘本改编的电影，以视听的刺激释放英语阅读的魅力；也有分馆举办了儿童绘本读书会，精选经典绘本，带领儿童以共读和人际互动的方式培养阅读习惯，丰富阅读体验，提升阅读能力。

（七）名人媒体效应模式

奥地利图书馆协会曾发起一项令人印象深刻的儿童阅读推广活动。协会邀请多名知名度较高且没有负面新闻的明星、运动员做宣传大使，利用名人效应提高儿童阅读推广活动的知名度，同时争取到电视台和广播公司的支持，在媒体上投放公益广告以吸引大众关注儿童阅读推广。

第二章 高中图书馆阅读推广基础

第一节 高中图书馆阅读推广的概念

高中图书馆阅读推广是高中图书馆馆员、教师和学生之间的文献互动，通过语言或活动手段传播信息，对学生阅读活动产生影响，是高中图书馆的重要职责之一。阅读推广的服务对象是青少年，对青少年阅读能力的培养非常重要，也影响着校园阅读环境的建设。

由于高中生在校时间较长，其阅读意识、阅读行为受校园阅读环境影响较大。来自家庭、学校、社会的压力使很多高中生阅读趋于功利化，忽视了阅读的内在体验。因此，高中图书馆阅读推广应以培养核心素养为使命，开展能够促进高中生正向阅读的活动。

高中图书馆阅读推广在建立良好的合作机制及相应的政策上，结合高中生阅读心理发展趋势、先进的阅读推广理论和策略，培养高中生的阅读能力和文化素养。

一、高中图书馆阅读推广的重要性

高中图书馆大量馆藏作品是经典名著，是传承优秀文化的重要载体，其重要性主要体现在以下方面：

引导学生建立正确的世界观、人生观和价值观。高中图书馆设立经典名著专架，在阅读推广中引导学生诵读经典，激发学生对传统文化的热爱之情，潜移默化地提升学生的人文素养、社会责任感，有助于学生树立正确的世界观、人生观、价值观。

提升学生想象能力和思维能力。阅读的过程就是与文本、自我对话的过程。高中图书馆有针对性地开展阅读推广活动，全面培养学生思维的广阔性、深刻性和批判性。

扩大学生的知识储备，提高学习能力。随着教育教学改革的不断深入，新课程对学生的阅读能力和学习能力提出了更高要求。高中图书馆结合学科课标要求开展形式多样的阅读推广活动，引导学生积极阅读，扩大知识储备，提高学习能力。

二、高中图书馆阅读推广的基本类型

高中图书馆阅读推广类型繁多，不同类型的阅读推广对资源的需求具有较大区别。

根据用户群体划分，图书馆阅读推广可分为面向青少年的阅读推广、面向成年人的阅读推广、面向老年人的阅读推广等。

根据用户关注程度可分为教学型阅读推广、展示型阅读推广、体验型阅读推广、引导型阅读推广等。

根据客体的不同可分为阅读文本推广、阅读工具推广、阅读方略推广、阅读理念推广、阅读文化推广等。

若以读者、读物、环境为切入点，则可将阅读推广分成以下类型：

根据读者特征，分为行业型推广、学科型推广、层级型推广、年龄型推广、性别型推广、时间型推广、地域型推广。

根据读者水平，分为养成型推广、训练型推广、帮助型推广、服务型推广。

根据读者需求，分为导向型推广、导读型推广、导用型推广。

根据读者群集，分为个别型推广、群体型推广、普适型推广。

根据活动形式，分为对话式推广、沙龙式推广、授课式推广、参与式推广、展示式推广、集会式推广、参观式推广、评介式推广、游戏式推广。

根据推广力度，分为指令性推广、倡导性推广、感染性推广、疗愈性推广。

根据活动周期，分为常态性推广、策划性推广、随机性推广。

根据效果范围，分为单项性推广、系列性推广、氛围性推广。

第二节　高中图书馆阅读推广的发展现状

一、高中图书馆开展阅读推广的情况

（一）开设阅读课，提升学生阅读素养

在高中图书馆丰富的馆藏资源支撑下，学校开设阅读课，引导学生阅读整本书，培养阅读素养。各年级语文老师确定共读和选读书目并做好导读工作，开发阅读指导课、阅读欣赏课、阅读汇报课等整本书阅读教学的基本课型。如在高一开设阅读课微课程"李清照专题阅读""周国平专题阅读"《欧也妮·葛朗台》整本书阅读指导"等；在高二开发中长期课程"哲学思想与古诗词阅读教学""演讲与表达"。同时，学生撰写读书笔记，记录阅读感悟，课后交由老师批注。师生互相交流，分享阅读心得，学生的阅读素养也得到提升。

（二）结合学科教学，促成阅读的深入性

阅读与语文教学是密不可分的，学校可将阅读活动与语文教学相结合作为阅读推广的切入点。高中图书馆馆员征询语文教研组以后，结合教学篇目推出各年级的必读书目、选读书目及寒暑假的推荐书目。图书馆对推荐书目进行重点配置，并开展"推荐图书读后感征文""推荐图书精彩片段朗诵"等形式的阅读推广活动，让图书馆阅读推广活动与语文教学深度融合。当然，阅读不只是和语文学科结合，图书馆还与历史、地理、物理等学科老师建立类似的合作，实现与多学科教育的深度融合。

（三）联合德育处、团委开展阅读推广

高中图书馆与德育处合作，在班级设立图书角，通过可互换读物的"图书漂流"活动扩大学生阅读范围，使阅读推广更加立体。通过读书主题班会和黑板报评比，营造阅读氛围，让每个学生都参与到读书活动中来。图书馆联合团委，在每年的校园艺术节，围绕文学、艺术等内容开展主题征文、演讲、朗诵比赛等阅读推广活动。

（四）以社团为阵地推动阅读推广，文学社团发挥阅读示范作用

在新课改背景下，高中更加注重拓展课的设置。以社团为阵地开展阅读推广活动，激发学生阅读兴趣。每个社团都有一位指导老师，主要负责知识技术性指导。这些社团是课堂教育的延伸和补充，图书馆为社团指导老师和学生提供相关书籍，推动阅读推广工作高质量发展。其中，图书馆老师组织爱好文学的学生成立文学社。文学社学生可以享受比其他学生多借阅书刊的特权，但每学期须完成至少一篇读书报告，并由老师对学生的文学作品进行辅导、修改，推荐优秀的作品发表在学校的校报上，同时将优秀的作品推荐到市、区的各类征文比赛中。这样不仅让学生体验了阅读

带来的收获和快乐，同时发挥了阅读示范作用，让文学社成员成为班级阅读的带头人和核心力量，形成良好的班级读书氛围，加强阅读推广在学生中的影响力。

（五）引入社会资源，推动阅读推广从校内向校外延伸

高中图书馆与公共图书馆、高校图书馆合作，及时通过微信推送公共图书馆的各类信息，组织学生参加公共图书馆举办的阅读推广活动，如讲座、展览、读书竞赛等，有条件的高中也可以将公共图书馆、高校图书馆的图书、数据、讲座等资源，以合作方式引进学校；与出版社合作，一方面，出版社种类丰富、高质量的图书推动图书馆的发展；另一方面，图书馆为出版社提供稳定的阅读群体客源，反过来影响出版社的经济效益。通过双方的良性互动，实现双赢，为学生提供最优质的馆藏资源；与数字资源产业机构合作，借助数字资源产业力量发展图书馆的现代化和自动化，以个性化、游戏化的活动方式和流程为学生提供全新的学习模式。如由上海晋元高级中学和上海交通大学附属中学联合超星公司承办的 2021 年寒假《红楼梦》整本书阅读闯关活动，以《红楼梦》整本书阅读"为主线，通过各章节打卡题目，实现整本书的深度阅读，通过闯关模式激发学生参与热情，通过数据分析及时获取学生活动参与情况，评选"闯关优胜奖"，颁发证书以示鼓励。这样通过引入各方资源，推动阅读推广从校内向校外的延伸。

二、开展阅读推广活动存在的问题和建议

（一）阅读推广缺乏持续性，建议建立阅读推广长效机制

当前，学校开展阅读推广活动时存在缺乏连续性的问题。通常情况下，全校范围的阅读推广活动一个学年组织一次，活动持续一个月左右。阅读

推广持续的时间短、间隔周期长、缺乏持续性，限制了学生参与的热情，不利于学生养成良好的阅读习惯和阅读素养。高中生阅读习惯的培养、校园阅读文化的培育、家校阅读氛围的营造需要长期举办各类阅读推广活动才能实现。除了定期开展常规性阅读推广活动外，图书馆还要坚持开展班级和个人阅读活动；建立阅读评比制度，对学生的阅读情况进行表彰和奖励；和德育处协作，通过主题班会、黑板报评比活动，评选"书香班级"和"阅读之星"，以此鼓励学生长期参与阅读活动。图书馆要积极宣传、组织市、区读书活动，并结合自己学校实际开展寒暑假阅读推广活动。

（二）对数字资源阅读推广不够，建议利用新媒体，拓宽阅读推广渠道

随着数字技术和网络技术的普及，高中生对数字资源的阅读和移动阅读需求增加。虽然目前高中启动了信息化、数字化建设，但对于新媒体的运用仅局限于图书借阅、查询等传统项目，对新媒体利用还不够重视，新媒体平台阅读推广渠道过窄。移动新媒体时代，学生的阅读方式和阅读习惯发生了很大变化，他们对新媒体阅读推广服务的需求更强。首先，要重视图书馆与校园网的结合，要加强图书馆的网络建设，充分利用学校和图书馆网站进行阅读推广。其次，开展移动服务，满足学生移动阅读的需求。如通过微信公众号推送新书介绍、读者荐购、图书借阅排行榜等信息，让学生及时了解图书馆最新动态，图书馆馆员还可以及时回复学生在借阅过程中存在的问题，增强学生与馆员的交流和互动，提高学生对阅读推广活动的关注度。利用新媒体使阅读推广的成效更加明显。

（三）缺乏有影响力的阅读推广活动，建议吸引各类校外资源，扩大阅读推广的影响力

高中图书馆阅读推广以读书征文、图书漂流为主，形式比较单调，创新不足，缺乏有影响力的阅读推广活动。图书馆应积极与新华书店、出版社、特级语文教师、作家等建立联系并开展长期合作。如邀请特级语文教师走进校园传授阅读与写作知识、组织学生参加作家读者见面会、举办各种校园书展、评选好书等形式多样的阅读推广活动；积极挖掘家长资源，建立家长担任讲座嘉宾、导读成员的机制。学校也可以充分动员家长的力量，获取各种举办讲座和读书导读活动的资源。利用家校微信群、QQ 群对各年级进行家校图书书目推荐，鼓励家庭共读，扩大阅读推广的影响力。

（四）缺乏阅读推广评价机制，建议建立有效的阅读推广评价机制

对阅读推广的评价既是激励手段又是提高改进的方法，目前高中图书馆阅读推广工作缺乏评价机制，在一定程度上影响了阅读推广效果。建立有效的阅读推广评价机制可以检验阅读推广活动的效果。一方面要对学生的参与情况、阅读时间、借阅量、阅读能力变化等进行评价，另一方面要对推广活动策划方案、推广方式、实施情况等进行评估。评价既能总结阅读推广的效果，又能分析阅读推广活动对学生的影响，为高中图书馆未来的阅读推广提供参考。

（五）馆员缺乏创新意识，建议提高馆员职业素质

就目前高中图书馆实际情况来说，部分馆员缺乏创新精神和创新意识，在开展读者服务和阅读推广工作时，仍然采用传统的服务模式。馆员的职业素质是高中图书馆阅读推广持续发展的基本保障。因此，学校应为馆员

学习创造条件，鼓励馆员学习新知识、新技术，探索科学的阅读推广体系，积极运用线上平台做好阅读推广，把阅读推广活动当作图书馆的一项核心工作。同时，馆员要加强与师生的互动交流，了解学生的阅读兴趣及教师的阅读需求，精心采购师生需要的书籍。在全民阅读背景下，阅读推广工作已经成为高中图书馆工作的重心。高中图书馆应在阅读推广常态化的基础上，积极利用多媒体创新阅读推广模式，开展学生喜欢的阅读推广活动，形成真正的"书香校园"。

第三章　高中图书馆阅读推广准备研究

第一节　高中图书馆阅读推广主体

一、通过阅读分享发挥主体作用

阅读分享是 20 世纪 60 时代新西兰教育家赫达维等学者提出的理念。当下，任何人关注和转载自身感兴趣的阅读话题，都属于阅读分享。个体通过阅读分享推广阅读主要包括以下形式。

（一）读者推荐

读者个人根据自身阅读体验，出于促进和分享阅读的目的，向他人推荐书目的行为，即为读者推荐。高中教师，特别是专家学者，有责任也有能力为学生推荐优秀书籍。高中图书馆专门设置了功能区域和留言板块，让读者推荐书籍并写出推荐理由。阅读推广的方式多种多样，除了留言之外，还可以通过书评、视频、绘画、手工作品等方式推荐书籍，如苏州独墅湖图书馆让读者推荐书籍并将推荐理由写在卡片上，最后将卡片挂上圣诞树。

（二）读书分享会

读书分享会具有较强的互动性和渗透性，是高中图书馆阅读推广的重要途径，主要分为以下几种模式：

一是读书会。读者参加高中图书馆组织的读书会，并在活动中发挥着引领阅读的作用。读书会是一种常用的方式。

二是读书节。为促进校园文化建设，高中图书馆定期举办主题读书节，邀请全校师生参与阅读，享受阅读。

三是撰写文章。馆员和读者以阅读为主题在高中图书馆阅读推广平台撰写文章、报道等，随时随地与他人分享阅读。

（三）捐书赠书

读者将具有一定阅读价值的书籍捐献给高中图书馆，抑或通过图书漂流的形式将书籍分享出去，以便让他人有机会阅读该书籍。例如，高中教师在完成某项课题后，为充分发挥文献资源的使用价值，将文献资源无偿捐给图书馆；学生将自己阅读过的优秀书籍无偿捐给图书馆；校内外有关人士为支持图书馆事业，购置图书资源，无偿捐献给图书馆。捐书赠书操作简单、成效快，是读者参与高中图书馆阅读推广的常见形式。

二、通过日常工作发挥主体作用

高中图书馆是学校阅读推广的主阵地，馆长是"先锋官"，馆员是"排头兵"，承担着阅读推广的使命。

（一）馆员负责制

馆员负责制，即馆员自觉将阅读推广当作重要的本职工作，提供长期且有效的阅读推广服务。例如，美国沃斯堡公共图书馆鼓励馆员独立组织阅读活动，活动还可以以馆员的名字命名，不仅极大地调动了馆员的工作积极性，也有利于图书馆品牌建设。美国公共图书馆青少年读书会也多由馆员、家长轮流组织阅读活动。

高中图书馆馆员充分利用图书馆甚至是个人资源，举办形式多样的阅读推广活动已成为一种趋势，是校园文化建设的典范。中国图书馆学会每年评选"中国图书馆榜样人物"，其中有大量馆员为图书馆阅读推广事业做出无私奉献。

（二）馆长负责制

馆长负责制，即馆长将阅读推广纳入图书馆发展战略，营造优良的校园阅读氛围和阅读环境，长期开展特色阅读推广活动，促进高中图书馆事业创新发展。

三、通过读书会发挥主体作用

读书会具有渗透力强、操作简单、形式多样等特点，是一种相对自由的阅读学习组织。高中读书会可分为由图书馆主办的读书会和由师生主办的读书会两大类。由师生主办的读书会依托高中图书馆资源，以师生管理者或负责人为核心开展阅读推广活动，通过图书馆读书节等平台发挥阅读推广主体作用。

四、通过活动志愿者身份发挥主体作用

志愿者又称"义工"，从广义上看，为图书馆无偿做出贡献的人或组织皆属图书馆志愿者范畴；从狭义上看，只有服从图书馆管理，定期从事图书馆工作的志愿者才可被称为"图书馆志愿者"。对于高中图书馆阅读

推广来说，招募高素质的志愿者能够缓解图书馆资源、人力和经费压力，提升阅读推广活动的社会认知度和参与度。志愿者以引导者、协助者、宣传者、沟通者、支持者或组织者等角色参与阅读推广，是图书馆阅读推广的助手，有时起到支撑的作用。英国早在维多利亚女王时代就出现了图书馆志愿者，英国图书馆协会更是在 2001 年就发布了《图书馆志愿者服务指南》，用于指导图书馆志愿者管理工作。加拿大志愿者自发组织了国家阅读运动，意图将加拿大打造成阅读者的天堂。德国阅读促进基金会招募了大量的志愿者，到图书馆、幼教机构和学校去组建读书会。

尽管我国高中图书馆志愿者服务起步较晚，但由于志愿者素质高，其规模逐年扩大。2012 年 5 月，由文化部推出的《公共图书馆服务规范》首次提出："公共图书馆应导入志愿者服务机制，吸引更多图书馆工作人员和社会公众加入志愿者队伍。"现在，越来越多的高中图书馆建立和完善了志愿者引入机制。志愿者已融入高中图书馆各个服务环节，尤其是在阅读推广活动中，志愿者的身影日渐增多。志愿者是高中图书馆日常管理过程中的好帮手，也是图书馆阅读推广的重要助力，深受社会大众好评。

五、图书馆馆藏发展政策

高中图书馆馆藏资源是阅读推广的基本保障。根据高中图书馆事业发展需要，制定长期的馆藏发展策略，为广大学生提供持续的阅读支持与指导，是图书馆人首先要解决的问题。

各地高中图书馆在经营、经费、人员状况等方面均存在一定差异，但都要尽可能地满足读者的阅读需求，最大限度地发挥文献资源的价值。在当前形势下，高中图书馆要把数字阅读资源的开发放到重要位置。数字技术为读者提供了更多的阅读内容、更方便的获取方式和开放的阅读氛围；

交互性的阅读是以往的纸质读物所不能相比的，已经被越来越多的人所接受。高中图书馆应丰富数字阅读资源，如电子书、电子期刊等，并对各类资源进行整合，建立馆藏资源数据库。

总之，高中图书馆应加强数字资源建设，构建多种类型阅读平台，实现多种文献形态与载体的协调发展，为阅读推广提供强大的资源支撑。

六、规范借阅制度

俗话说："没有规矩，不成方圆。"规章制度是检验图书馆工作的标尺和准则，有序工作是图书馆科学发展的基础。高中图书馆借阅制度主要涉及借期、续借、预约、逾期、馆际互借等方面。当前，我国一些高中图书馆的借阅系统还够不完善，管理者应站在时代的前沿，以发展的眼光来规划和管理图书馆业务。

传统的图书馆规章制度与现代管理理念严重背离，因此图书馆应创新管理理念，以馆员和读者为本，在以下方面改进借阅制度：一是延长开放时间，二是强化信息技术在图书馆中的应用，三是增设还书点。在此基础上，提高服务意识，将"以人为本"的理念融入各项规章制度，确保读者服务工作有序开展。

七、建立稳定的阅读服务团队

当前，我国高中图书馆阅读推广活动多由馆员和教师共同承担，相对缺乏策划经验，难以创新活动形式与内容。在这种形式下，阅读推广活动容易发生意外情况，且由于缺乏专业的服务团队，突发意外很难得到及时、妥善的处理。因此，高中图书馆必须建设一个高质量的阅读服务团队，以营造良好的校园阅读氛围，切实提高阅读推广效果。

阅读推广服务团队成员应具备以下能力：

第一，策划、组织及评价能力。策划能力包括：拟订主题、设计项目、分配任务、制作进度表，以及撰写方案、经费预算、活动选址和布置现场等。组织能力包括：人员接待、后勤保障、各方协作等。评价能力是指在活动结束后对结果进行评价，再根据读者意见恰如其分地调整策划方案，以提高阅读推广质量。

第二，公关能力。公关能力是指通过各种公关活动，拓宽阅读推广服务范围，与读者双向沟通、相互适应的能力。

第三，写作能力。撰写书评等文字工作是图书馆工作人员的重要责任，是深入开展学生工作的必然要求。

第二节　高中图书馆阅读推广客体

高中图书馆阅读推广客体主要是阅读资源——传统的纸质图书、电子资源等，服务对象是全校师生，目的是营造校园阅读氛围、提升读者的阅读能力。事实上，师生群体间存在图情需求的差异，需要图书馆进一步细分阅读推广客体，才能有的放矢地提供精准的服务。一般来说，根据教师的专业、学位、职称、年龄等标准可以划分出阅读推广客体的子群；同样，依据学生的年级等标准也可以划分出阅读推广客体的子群；还可以根据师生的图情需求来划定阅读推广客体。认真研究阅读推广客体，调查研究师生具体的图情需求，是开展阅读推广活动的基础性工作。前期调研充分，往往能起到事半功倍的效果。

一、调查高中生的阅读需求

阅读是人类特有的精神活动，是国家和民族传承知识、延续文明的基本途径。高中图书馆开展阅读推广活动首先要收集信息、调研分析，了解读者的阅读行为、阅读动机及阅读目的，再对读者进行分类，有针对性地设计阅读推广活动，以提升读者的参与度及满意度。

高中时期是人的心理、生理逐步成熟的重要时期，互联网的普及及升学压力的日渐增大，给高中生的心理造成了不同程度的影响。高中阶段，学生进入生长发育末期，但其心理体验较初中阶段更加强烈，涉猎的范围越来越广，阅读兴趣和阅读目的较之中小学阶段发生了很大变化。因此，高中图书馆应进行有针对性的阅读指导。例如，高一学生需要转变学习方法及学习思维，将初中知识结构更新为高中知识结构，个别学生可能会产生迷茫、焦虑甚至厌学等心理问题。并且，义务教育阶段学生的阅读行为更多受家长和老师影响，缺乏自主性。对此，高中图书馆要深入开展新生入馆教育，帮助高一学生了解本馆布局及藏书情况，便于学生更好地利用馆藏资源。

图书馆可以根据读者的借阅情况、检索记录，或者设计调查问卷，利用数据挖掘技术，调查掌握读者的兴趣爱好、心理发展状况，从而为他们设计一套完整的阅读推广计划。

二、针对高中生的阅读特点设计阅读推广活动

高中生群体兴趣广泛，求知欲增强，容易在抉择过程中表现出迷惘与茫然。长久以来，过分注重实际的读书方式，限制了学生的视野与思维境界。由于不同学生的理解能力、思考能力等方面存在差距，所以他们的阅

读能力也分为不同层次。目前，高中阶段的阅读活动以零散的形式出现，大部分学生具有积极的阅读心态，但是缺乏阅读动机，致使其阅读表现相对落后。

总体上，很多学生的阅读范围较为狭窄，有些人只看自己喜欢的文章。同时，由于高中生在读书过程中存在着盲目、随机、不确定的阅读取向，因此难以养成良好阅读习惯。自互联网普及以来，更多的学生喜欢阅读短小轻松、易于理解的"网文"，也就是"轻阅读"，阅读内容趋于快餐化。这对学生的学习造成了一定负面影响。对此，高中图书馆在设计阅读推广活动时要发散思维，为学生提供目标明确的阅读辅导，安排学生感兴趣的阅读活动，招募热爱阅读的学生做志愿者，最大限度地激发学生的读书热情。因为志愿者能够更好地理解读者群体的阅读目的，吸引更多的学生主动参加阅读推广活动。

三、与学生组织合作共促阅读推广

阅读推广是高中图书馆通过精心策划各种活动提高馆藏流通量和利用率的活动，能够对读者的阅读目的、阅读行为产生一定影响。图书馆是学校建设的一部分，人员、经费、物资是有限的，要想把工作做得更好，就必须借助外力。对于高中图书馆而言，最佳合作伙伴是学生会、学生社团。

学生社团是指不同班级的同学根据学校规章制度自行组建和进行活动的团体。学生会是老师与学生之间联系的桥梁，反映学生的意见和需求，为学生争取正当权益。学生社团主动将学生的阅读需求反映给图书馆。学生在参加活动的过程中，将自己的感觉及时反馈给组织方。图书馆可以根据学生的反馈获取更多信息、理解学生的阅读偏好，从而为今后开展高质量的阅读推广活动奠定基础。同时，学生组织对本校学生的认识是最深的，能够在最短的时间内将最真实的活动效果反馈到图书馆，为图书馆未来开展阅读推广活动提供有益的参考。学生组织根据读者阅读需求及阅读目的创造性地构思阅读活动，丰富了阅读推广的内涵。所以，高中图书馆与学生组织合作，能够更好地与学生交流，与读者之间的关系将更加紧密。

高中生参加图书馆阅读推广活动，除了能开阔视野、扩大交际范围，还能丰富自己的学识，提高自身阅读素养、阅读能力。因此，高中图书馆应不断动员更多的团体参与阅读推广活动，营造"爱读书、读好书"的良好阅读氛围，从而优化高中生阅读现状。同时，学生组织也可以发挥桥梁和纽带的作用，动员周围的人参加阅读推广活动，把阅读推广相关工作做好、做细，从而使活动达到双赢、共赢的效果。

第三节　高中图书馆阅读推广载体

阅读推广载体通常指本馆馆藏。若不是图书馆自己的馆藏，理论上是不适合推荐的。馆藏包括三类：现有馆藏、未来馆藏、延伸馆藏。

一、现有馆藏

图书馆现有馆藏资源的推荐方法比较依赖于图书管理集成系统附带的推荐功能。由于知识产权保护，数据库之间的底层数据格式、基本架构的算法存在巨大差异，一个数据库就成了一个壁垒森严的堡垒。在知识壁垒不断加剧的今天，读者必须一次又一次地查找信息。如何使读者在大量的信息资源中迅速查找到所需资料，或者如何增强知识的可及性，已经成为图书馆面临的一个重要问题。随着馆藏资源愈发丰富、大数据技术逐渐成熟和读者阅读需求日益多样化，图书馆在现有馆藏资源的基础上，运用智能技术挖掘更多的资源。比如，广泛应用于计算机领域和电子商务领域的用户画像技术，是当前图书馆界分析读者需求、实现精准图情服务的热门话题。

二、未来馆藏

高中图书馆近年来对未来馆藏建设计划采用了创新形式，对阅读推广和校园文化建设有很大促进。一是"你荐书，我买单"图书荐购活动。图书馆馆员在前期调研的基础上精心筛选图书，极大地提高了文献借阅率。二是举办外文原版图书展。三是以图书排行榜为索引，寻找高质量图书，推进馆藏建设。我国每年出版图书多达几十万种，如何选择适合高中生阅读的书籍呢？主流媒体的读书专版或读书频道会定期推出图书排行榜，综合考察多个图书排行榜后就会对出版动态、一段时间内的精品图书有所了解。例如，由中国图书评论学会组织评选的"中国好书"排行榜，此榜单上的优秀作品成为无数读者首选的必读书籍。"中国好书"遴选程序十分严格，先以全国主流媒体排行榜入榜图书、重点出版社申报印数为 4 万册以上的精品畅销图书和重点推荐的优秀图书、知名书评人推荐的优秀图书为基础，再广泛征求意见，组织专家学者评议，最后郑重推出。入选"中国好书"的图书，紧随时代前进步伐，在社会政治、经济、艺术创作、社会生活等诸多方面有较高艺术水准和制作水平，能够指导读者建立健康科学的生活方式，给人以较高的审美享受。"中国好书"排行榜可以用作图书入藏的指导。比如，图书馆可以把年度"中国好书"作为阅读推广活动用书，活动前需逐一查重，若馆里还没有，那就应该一边推荐一边采购。这种采用文献调研与网络搜索相结合的方式，可以保证图书馆用优质图书扩充馆藏资源。

三、延伸馆藏

在读者需求面前，单个图书馆的馆藏总有不能满足读者需求的时候。因此，高中图书馆之间加强合作、实现资源共享具有特别重要的意义。馆际互借和文献传递是传统的馆际合作、资源共享的有效方式。在纸本主导馆藏的时代，对于读者需要的图书，图书馆可通过馆际互借的方式满足读者的阅读需求。比如一本很珍贵的图书，学术价值很大，应该向读者推荐，但图书馆没有收藏，就可以通过馆际互借和文献传递等途径获得所需文献，弥补馆藏资源因馆舍和经费限制而无法完全满足读者需求的缺陷。在网络信息技术的支撑下，电子文档能够通过互联网迅速传送到任何终端。文献传递就是信息化、数字化条件下新型的文献共享方式。文献传递的流程大致是，读者通过文献共享平台一键检索所需要的文献，检索到文献所在图书馆，向所在图书馆发出文献请求，对方管理员将文献数字版传递至读者指定的邮箱。在国外，文献传递有"快传"，馆际互借有"立借"，都是非常成熟的资源共享服务体系。其中，"立借"是美国泛常春藤盟校的馆际互借项目，用户提交申请后，系统会自动发送邮件，告知用户申请提交成功以及图书寄出情况。"立借"发现系统通过一个简单的搜索界面，为教师、学生和员工提供美国泛常春藤盟校图书馆集体馆藏。读者可以从约9000万册图书的联合目录中搜索和索取研究资料。"立借"会在合作伙伴中根据实时货架状态和负载均匀分配请求，确保所有请求在3~5天内处理完毕。"立借"根据美国国家标准协会标准与不同的图书馆系统集成，在馆际互借周期内提供借阅资料的本地流通和综合资源管理。我国在馆际互借服务方面质量控制最为严格、服务效益最好的，是中国高校人文社会科学文献中心，这也是全国性的、唯一的人文社会科学文献保障体系，收录有 7500 多种国外人文社会科学领域的重要期刊、900 多种电子期刊、20 多万种电子图书。

第四节　高中图书馆阅读推广的基本保障

一、转变工作理念，提高个体主体地位

高中图书馆是学校的文献信息中心，不仅要满足师生的阅读需求，也要为学校教学、科研提供保障，所以服务范围不应局限于校内。高中图书馆阅读推广的主体包括图书馆馆员，以及学校领导、师生读者、校外相关组织或个人等。图书馆要积极吸纳有特长、有意愿、有能力的读者代表；在策划过程中要积极调研读者的阅读需求，从读者的角度考虑活动的内容和形式；在实施过程中要善于利用教师联盟、读者协会、志愿者组织、企业行业协会和社会名流等资源，保障阅读推广活动深入、有效地开展。

二、建立健全制度，规范引导个体

高中图书馆通过加强活动规划，明确个体在阅读推广中的权利与义务。高中图书馆要积极宣传阅读推广，争取联合学校其他部门和组织，从学校层面上制订阅读推广计划，突出读者在校园阅读推广和文化建设过程中的主体地位。

首先是完善与阅读推广相关的规章制度，积极培养"阅读推广人"，参与图书馆阅读推广工作。完善读者协会管理制度，通过政策、资金和资

源等途径支持协会组织开展阅读推广活动，通过培训教育提升协会成员阅读推广的能力和意识；完善志愿者管理制度，引导志愿者参与高中图书馆阅读推广活动；联合学校其他部门完善教学和学生管理制度，鼓励师生成为高中图书馆阅读推广主体；依据现行法律法规，为个体开展阅读推广提供便利。其次是完善图书馆社会化服务管理机制，积极引导、吸纳社会资源开展阅读推广活动。

三、搭建平台，凝聚力量

高中图书馆应该利用通信和新媒体技术，打造一个相对独立的个体阅读推广管理平台，以便整合资源，凝聚力量。平台建设模式可以以学校主导、图书馆主管、图书馆阅读推广团队主办的形式运作，主要涉及以下六项内容。

（一）推广项目板块

根据个体通过高中图书馆开展阅读推广模式和形式，分门别类地设置二级板块，汇总全国范围内的阅读推广人、组织和项目，集中宣传介绍阅读推广项目，提高项目的认知度，提升阅读推广人的综合素质。

（二）资源共享板块

整理共享图书在版编目数据、优秀推荐书目、阅读推广经典案例、阅读推广人培训资料、相关法律法规等资源，为个体开展阅读推广提供文献资源支持。高中图书馆可上传历年来阅读推广素材和阅读推广活动资料，以便实现资源共享。

（三）信息公告板块

主要用于发布通知、公告（包括志愿者招募、会议、培训、比赛、评选等信息）和新闻报道，便于个体在阅读过程中的交流与互动。

（四）友情、合作单位板块

用于介绍中国图书学会、省级图书情报委员会、各类型图书馆、出版发行机构、数字和有声阅读网站、校内其他部门、志愿者组织、学生社团等相关信息，并提供超链接，为个体阅读推广、对外交流寻求机会，寻求支援。

（五）实时互动板块

用于介绍、链接图书馆阅读推广相关论坛、贴吧、微博、微信公众号、QQ 群等新媒体工作平台，便于个体阅读推广开展日常交流与互动，包括疑难解答、法律援助等活动。

（六）实践与理论研究板块

总结与评估个体阅读推广活动效果，探讨活动未来发展方向，工作包括编制与发布《高中图书馆阅读推广年度报告》，介绍个体阅读推广活动；开展年度最佳校园个体阅读推广人物、读书会、学生社团、书香班级、志愿者等评比活动；积极创办刊发《阅读推广报》，开设专栏，研究报道个体在阅读推广中的理论与实践。

个体在高中图书馆阅读推广过程中的地位突出，特点显著，优势明显，但需要图书馆的积极引导和扶持，才能成功构建长效的运行机制。从目前阅读推广发展趋势来看，主体多元化要求高中图书馆认识到个体在阅读推广中的重要作用，并支持其充分发挥作用；主体合作化要求高中图书馆发挥组织协调功能，整合各类阅读推广资源，推进各类主体间的深度合作；主体角色层次化要求高中图书馆阅读推广组织者与实施者分离，各主体之间应该分工明确，各尽其能。

四、强化人力资源保障

人力资源是高中图书馆最具活力的资源，有效的管理人力资源可极大地调动工作人员的主观能动性。阅读推广作为高中图书馆一项重要工作，需要工作人员不断学习、研究，从而提高阅读推广的影响范围，扩大读者群体。

从长期着眼，高中图书馆应建立阅读推广人才培养体系，定期对工作人员进行培训。澳大利亚新南威尔士州为了提升图书馆馆员的阅读指导能力专门开展了一项培训员集中受训项目，受训者接受培训后再回到原单位指导其他同事。培训活动对图书馆流通量、资源阅读、馆藏发展的促进作用显著。

五、强化管理保障

为了促进学生主动阅读，高中图书馆管理者必须转变观念，做好阅读推广的顶层规划工作；在开展阅读推广活动时，精心策划并组织好队伍，全方位参与协调图书馆内部及学校其他部门的工作。图书馆只有不断更新和完善管理模式才能保障阅读推广顺利开展，包括利用信息技术创新传统的管理模式为读者提供更周到的服务，及时更新文献资源以丰富读者的知识储备，深入了解读者的阅读需求，有针对性地增置经典著作等。

六、强化技术保障

随着互联网技术的发展，高中图书馆管理模式和服务体系发生了很大变化。数字化是未来图书馆的发展方向，大数据分析能够为图书馆管理者的决策提供数据支撑。技术人员应深入理解图书馆事业，利用前沿技术助力图书馆信息化建设，使图书馆服务质量、管理水平进一步提升。

七、强化物质保障

由于地区经济水平影响着图书馆事业的发展，各地高中图书馆在办馆规模、馆藏资源、服务水平等方面存在显著差异。高中图书馆需要的人员、资金、物质支持，包括馆藏购买、馆舍建设、设备接入和维护、人员工资等，都离不开政府的经济支撑。如果地区经济水平较低，则无法保障高中图书馆事业的发展。同时，高中图书馆服务对象主要是学生和老师，环境较为封闭，社会力量对其作用有限。对此，高中图书馆可从以下方面强化物质保障：一是优化馆舍环境，丰富馆藏资源，配备电子阅读器等，推动阅读数字化发展；二是尽量从校方获取资金，加强基础建设，积极开展各项活动，激发读者对图书馆事业的关注度；三是充分借助读者的力量，引导其进行阅读推广。

第四章　高中图书馆阅读推广策划研究

第一节　高中图书馆阅读推广的策划原则

一、受众及目标

高中图书馆是学生读书活动的策源地，服务对象主要是学生和老师。高中阅读推广一般由学校图书馆推动，同时也能够提升图书馆的服务能力。阅读推广并无一定之规，符合图书馆核心价值的阅读推广目标是：让不喜欢阅读的人喜欢上阅读；让不会阅读的人学会阅读；让阅读有困难的人消除阅读障碍。与之相对应的高中图书馆阅读推广目标是：提升资源使用率，提升高中生的阅读意愿及阅读能力，提供阅读交流平台。

狭义上的阅读推广是指推荐书目、读书会之类的活动，也包括为节日而举办的阅读活动。在实践中，高中图书馆阅读推广活动形式多样，如名家讲坛、读书沙龙、知识竞赛、设计大赛等，旨在提高学生的阅读积极性。

二、基本方法

高中图书馆进行阅读推广，首先要周密地设计阅读推广计划，其次要吸引学生的关注，这是活动成功的重要保障。

（一）针对性与整体性相协调

所有阅读推广活动都必须明确推广受众。高中图书馆阅读推广的目标受众是高中生。他们的阅读兴趣与规律，随年级、知识积累的不同而呈现出显著差异。因此，受众细分是维系服务关系的关键因素，推广对象层次越细，推广目标越明确，阅读推广效果越好。面向新生和面向老生的阅读推广活动具有较大差异。新生入校后，一个重要任务是提升阅读素养；而高二、高三学生则需要提高阅读量，以开阔视野。

高中图书馆阅读推广还要考虑整体性，与图书馆服务宗旨协调一致，兼顾图书馆各个读者群体，协调阅读推广工作中的各个环节。在策划活动时，要统筹考虑，不能只考虑某个群体的需要，如不能只考虑新生的需求，也不能只考虑毕业生的需求，在布局阅读推广活动时，先做通盘考虑，再做适当倾斜。例如秋季，考虑到新生入学，可以多组织一些面向新生的活动，再适当地组织一些针对高年级学生的活动；到了春季，活动内容可以适当向高年级学生倾斜，再适当地布局一些针对低年级学生的活动。

（二）科学性与前瞻性相结合

高中图书馆阅读推广应具有科学性，确保宣传方向正确、目标明确，以指导、推动学生阅读书籍；推广计划应全面、周密，人员、资源、经费等方面也要到位，这样才能确保活动成功。

高中图书馆阅读推广应具有前瞻性，除了以书籍为对象进行推广宣传之外，更要时刻关注数字阅读、新媒体平台等的发展趋势和学生阅读方式的变化，在此基础上进行策划。

（三）兼顾计划性与可持续性

为了确保阅读推广活动的品质和效果，图书馆通常要提前做好活动策划。在计划时，将一些可以重复进行的活动做成品牌，从而产生良好的口碑。例如，"一城一书"这样的活动就具有可持续性，可以每年、每季、每月，抑或每周举办一次，根据时间和书籍的不同，适当增减读者的阅读量。

（四）创新性与常规性相平衡

开展阅读推广活动是为了引导更多人阅读经典书籍，宣传和推广活动富有创新性，可以极大地提升阅读推广的效果。而要衡量一个阅读推广活动是否具有创新性，就要看它在校园中有没有产生普遍的反响，有没有吸引大家的关注。

高中图书馆打破传统，创新开展阅读推广活动，能够激发学生的阅读兴趣。在策划活动时，要求方案新颖、个性化、趣味化，具有一定挑战性。需要注意的是，并非一切活动都适合创新。阅读推广活动本就有常规与非常规之分。图书馆开展常规性活动，较利于营造品牌和口碑。

高中图书馆阅读推广的策划，应平衡创新性与常规性，将常规活动打造成品牌，在人员、资源、资金等条件适宜的情况下，开展创新性活动，达到锦上添花的效果。

第二节　高中图书馆阅读推广的策划模式

高中图书馆阅读推广策划的方式多种多样，可以由个人或团队策划，然后经过商议最终定稿。开展多样化、精准化的阅读推广工作，需内外合力，使图书馆资源与服务最大程度地被知晓、被利用。高中图书馆阅读推广的策划模式大致分为以下几种：

一、头脑风暴法

成功的推广方式首先需要创新思维，在当前的阅读推广活动中，要不断地有新的创意，要有创新的精神，要在内容和形式上有突破。图书馆在确定了阅读推广主题之后，将各专业或岗位人员组织起来，大家在轻松、和谐的氛围中就活动方案自由发表意见。由于没有过多限制，头脑风暴法能极大地激发人的热情。人人都可以自由发言，相互影响，相互感染，打破传统观念的桎梏，碰撞出思想的火花。

二、众包模式

众包模式是指机构或公司把以前由工作人员完成的任务，以自愿的方式外包给大众网络的做法，即让更多的人参与一个机构的活动。有研究认为，图书馆在四个领域可应用众包模式提高服务水平，有效协助教学科研，其中就包括阅读推广。通过众包来吸纳不同文化背景的人员参与阅读推广工作，有助于建立多元化阅读推广服务体系，提高阅读推广活动的创新性和包容性。特别是从图书馆外部吸引人才，使他们参与合作，策划出适合同龄人心理的活动，吸引更多同龄人参加，可以帮助图书馆打开局面。

高中图书馆引入众包模式进行阅读推广策划具有一定的可行性。高中有庞大的学生队伍，图书馆与各级机构间有着长久的合作关系，这些因素是图书馆开展众包服务的良好基础。学生组织及社会网络中的粉丝可以成为图书馆众包项目的志愿者，为图书馆完成合作化任务提供保障。

阅读推广策划的众包模式，就是博采众长获得新创意。图书馆利用众包模式广征活动创意（包括活动名称、文案、方案等）已有成功先例。将读者和粉丝作为宝贵的资源，巧借外力，能使策划的内容更贴近学生的感受，更受学生喜爱。部分技术或设计要求较高的项目，可以以项目制的形式交给学生团队策划。

1. 广征活动名称

为了让师生多一个休闲放松的途径，一些图书馆计划定期放送一档音乐节目。例如，武汉大学图书馆在微博上发起"请你来命名"活动，向校内外人士征集既贴合主题又朗朗上口的节目名称。学生们积极参与活动。经综合考量，最终选取一个，并将其打造成颇受欢迎的品牌活动。

2. 广征活动文案

一些高中图书馆推出座位管理系统。通常座位管理系统规则的说明比较烦琐。根据以前的经验，这样繁杂的文字内容，读者很难耐心地阅读或认真领会，结果会引发新的违规，馆员须反复解释，浪费人力物力。为此，某高中图书馆在大众群体中广征文案，经综合评估，一位高中生的文案脱颖而出，其对座位系统的规则阐释清晰且文字诙谐活泼。

第三节　高中图书馆阅读推广的策划流程

一、"知己知彼"，做好前期调研

（一）知己

只有在充分了解图书馆的资源和服务后，策划者才能有针对性地策划阅读推广活动。一是依托大众性的资源和服务进行阅读推广策划，如结合好书榜、获奖图书等举办书展和读书会。二是挖掘图书馆特色资源和服务项目，策划活动方案，推出专题活动。

（二）知彼

随着数字阅读的兴起，学生的阅读习惯及行为较之以前有了很大变化。很多高中图书馆在策划活动时，往往依据惯性思维，没有事先认真调查学生的阅读兴趣和需求，与学生沟通不足，导致推广效果不佳。

高中图书馆要紧跟时代发展，了解读者心理，搭建互动平台，将阅读推广活动打造得活泼、有趣，迎合读者的喜好，才能与读者形成共鸣。

1. 通过前期调研了解读者的需求

阅读推广的前期调研要以读者为中心，充分了解高中读者的阅读取向，根据学生的阅读兴趣策划选题，重视学生的阅读体验，让学生真正成为阅读推广选题策划的参与者。

通过观察或调查、访谈、座谈，设置建议箱，图书馆用流通数据分析等方法，从多个方面了解读者需求。调研方式可以采用问卷调查、有奖问答、现场采访调查等方法；也可以通过社交网站、微信、短信、图书馆主页发送调查问卷、电子邮件进行调研，获取调查数据；还可以充分利用图书馆及馆员的社交账号与读者互动，收集读者的意见。在调研时，调研者要对高中生读者群进行细分。

2. 根据高中生阅读类型进行推介

高中生阅读的类型可分为目的阅读、从众阅读、随意阅读。目的阅读型读者有较明确的目的，他们根据自己的需求选择图书，如阅读考试类书籍、英语学习书籍、论文写作书籍、小说等，这类读者往往有明确的书单，图书馆可根据这类读者的需求补充馆藏，引导其阅读更多相关书籍。从众阅读型读者大部分是别人读什么，他就读什么，对这类读者可重点进行荐读服务。随意阅读型读者数量较多，这类读者到图书馆往往没有明确的目标，在书架中看到合意的书就随意看，一般也不会深入地读某本书，对这类读者可以开具书单进行引导。

3.选择阅读推广时机

阅读推广时机的选择很重要。例如，对新生推荐论文写作方面的书籍，效果不会好；适时适宜地开展荐读活动才会有比较好的效果。每年9月，高中新生到校，图书馆阅读推广的重点可以围绕这些新生进行，帮助新生更好地适应高中生活。

二、确定活动意向

高中图书馆阅读推广的总体目标是推广资源与服务，从近几年的开展情况来看，可初步将活动意向归纳为以下几种：

（一）引导阅读

引导阅读主要是开展专题书籍推广或书展活动。阅读推广策划主要围绕高中生展开，要倡导健康的阅读风气。同时，策划活动要兼具知识性、思想性和趣味性。

（二）引导学术、思想、文化的交流和分享

大型讲座。各类型文化讲座，促进文化传承和创新。

小型读书沙龙。欣赏文艺作品、分享阅读感悟、培养人文素养的阅读交流平台，强调交流分享。

真人图书馆。以面对面的形式沟通，分享多样人生经历和感悟，励志成才。人即是书，书即是人，人书合一。

（三）阅读感悟和分享

读书征文。强调以阅读感想和阅读思考为中心，写出自己的见解，对

同龄人有启发。

书评大赛。可以是不同主题的书评大赛，或网上微书评活动，字数不限，强调感悟。

（四）提升资源的推广利用率

针对电子资源推广可举行"学术搜索之星"挑战赛或数据库有奖竞答等活动。

针对纸本资源可举行"找书达人——图书搜寻大赛"或书山寻宝类活动，让新生通过游戏比赛的方式学习搜索书号，以快速、准确地找到所需图书。

（五）加强阅读资源的循环传递

图书互换会、图书漂流活动可让学生各取所需，让书籍到达最有需求的人手上。

（六）加强阅读的示范效应

举行"借阅之星""读书之星"等评比活动，以身边的实例激发学生的阅读兴趣。

三、确定选题

在实际工作中，当我们初步决定要举办阅读推广活动，但是缺乏选题时，可参考以下方法选择具有学术性、时事性、知识性、趣味性的选题。

（一）关注社会热点新闻

现在高中生获得资讯的渠道很多，社交媒体每天都会推送海量新闻。

图书馆如果将活动与社会热点新闻有机结合，就能够吸引学生的关注。例如，在莫言获得诺贝尔文学奖后，图书馆推出诺贝尔文学奖获奖作品的推荐书目，能抓住高中生的眼球；借中国药学家屠呦呦获诺贝尔奖的契机，武汉高中图书馆一方面推出中医药书籍的专题书展，另一方面在信息搜索大赛中推出类似"屠呦呦发表的一篇文章《中药青蒿化学成分的研究》引用率很高，通过中国知网查找，这篇文章被引用了多少次？"这样的微博抢答活动，产生了较好的反响。

（二）关注文化机构重点项目

如新闻机构、出版机构、知名书店及大学等单位举办的活动和官方网站是策划者需要重点关注的。年度好书榜、文学奖获评图书等都可以作为活动选题，借此可策划一系列活动。例如，上海交通大学图书馆的"好书中的好书"主题书展，新浪网和凤凰网等媒体的好书榜推荐书单等，即为优质选题。

（三）关注节日或纪念日

节日或纪念日往往包含着一定的历史和文化意义，或者与某个重要的历史活动有关。利用节假日、周年庆典等形式举办的各种活动，既可以使人们更接近于传统的文化，又可以巩固自己的文化基础，也可以增强人们的人文素质。比如，在端午举行的屈原诗歌吟咏比赛。

（四）关注本校特色、重大活动

阅读推广还可以与学校特色活动、校庆等重大活动紧密结合，吸引更多的同学参与进来。

四、实施策划

（一）整体规划

图书馆的活动，根据高中本身的学期特点及学生利用图书馆的规律，基本可分为常规阅读推广活动、专题阅读活动，以及吸引人眼球的创意推广活动。图书馆根据自身特点，可开展不同层次的活动。

整体规划需明确的主要问题有：活动主旨、活动主题、活动时间、活动组织方和合作方、活动内容、活动进度、活动子项目的落实、活动经费、活动预期效果、效果评估方法等。整体规划主要是从全局统筹阅读推广活动的内容和人力、财力、物力、技术、时间与空间等资源的分配。以上各项内容都要考虑周全，从必要性和可行性两方面进行决策。要特别注意在策划与实施间寻找平衡点，有些非常好的创意，囿于现实条件，往往难以实施，很难付诸实践。

（二）设计活动方案

在整体规划的统筹下，对于各个阅读推广子项目，还要设计具体的实施方案，实施方案一般由子项目负责人根据统一要求起草制订。实施方案解决的问题更加具体，包括要做什么、怎么做，以及结束后的评估。

要做什么，即确定活动主题，确定活动对象、活动内容、活动形式。

怎么做，这就是决定活动的管理方式、人员的安排、时间的安排、活动奖励、合作和推广方式。

第五章　高中图书馆阅读推广的方法

第一节　图书推荐

图书推荐通常以发布推荐书目、新书推荐、获奖图书推荐、借阅排行榜、畅销书排行榜等形式出现。发布权威性推广书目，是被广泛采用的荐读方式。

一、源流概述

推荐书目又称导读书目、必读书目、劝学书目等，通常由各学科领域的名家开具。在众多的推荐书目中，文化名人所开出的推荐书目常常与大众所关心或需要的文化传承、人文艺术修养、社会发展等有关，因而被列为推荐书目的主要类别。从唐朝起，中国就因传统的教育体制而出现了举荐书目；其后有元代程端礼的《程氏家塾读书分年日程》，明末陆世仪在《思辨录辑要》中开列的青少年阅读书目，清代《读书次第》《经籍举要》以及张之洞的《书目答问》。

胡适、梁启超应《清华周刊》之约，分别开列了《一个最低限度的国学书目》和《国学入门书要目及其读法》，朱自清撰著了《经典常谈》。出于传承传统文化的追求，一些学者在经典推荐方面继续耕耘，如钱穆的

《中国史学名著》、张舜徽的《中国史学名著题解》、王余光的《影响中国历史的三十本书》等。另外，亦产生了一些反映时代文化背景的推荐书目，如北京 50 位著名教授共同推荐的《北京高中生应读选读书目》《清华高中生应读书目》（人文部分）等。在中国的推荐书目发展过程中，许多推荐书目也在西方国家涌现，如美国图书馆学家罗伯特·唐斯的《改变世界的书》、专栏作家克里夫顿·费迪曼和约翰·S.梅杰的《一生的读书计划》、由美国哈佛高中 113 名教授共同推介而成的《最有影响的书》。王余光认为，推荐书目具有教育功能、文化功能、政治功能、知识普及功能，青少年打好阅读基础，将会终身受益。

二、内容与方式

随着时间的推移，人们的阅读偏好也会发生变化。高中图书馆在推荐内容、推广方法等方面需要做一些调整和创新，以满足学生的需要。

在推荐内容上，图书馆通常既推荐教师书单，也推荐新书书单、学生荐书、借阅排行上榜图书、获奖图书、畅销书等，以此增强推荐书单的时代感与吸引力。同一所学校的教师开列的书单代表着具有某种共通文化精神的教师的文化取向，故所列书单既能体现校园文化，亦能启迪学生。将同属于校园社区的教师荐书与学生荐书整合起来，则能产生具备校园用户普遍代表性的、体现校园文化特质的导读书目。目前，高中图书馆的工作重点是以读者为本的互动，所以在推荐书籍时，图书馆注重从读者那里搜集推荐建议。如有的图书馆在读书节期间举办"我喜爱的一本书"活动，对活动有兴趣的师生可将书名及喜爱/推荐理由写在图书馆提供的便签上，并将推荐内容张贴在图书馆的大白板上，供其他读者阅读。

在推广方式上，图书馆可以在线上及线下多渠道进行宣传推广，如开发专题网站及举办书展、图片展、讲座、影展等。

第二节　讲　座

讲座是高中图书馆经常采用的活跃校园文化氛围、开阔学生思维及视野、激发智慧交流与碰撞的文化活动。高中图书馆大多建有适宜举办大型讲座的演讲厅。作为校园文化中心，图书馆亦具备一定的平台优势，包括由平台而产生的人气凝聚力、与讲座相得益彰的文化氛围，以及能够让学生一展才华的舞台等。同时，图书馆能利用资源优势作为突破口，走出一条主题鲜明的阅读推广之路。

一、讲座特点

高中图书馆举办的讲座在主讲人、主题、形式、听众等方面具有包容性。主讲人可以是著名学者、老师，也可以是优秀学生。讲座主题多元化，既可以是文化素养类主题，如传统文化、历史、绘画、摄影、电影等，也可以是与学生学习、生活息息相关的实用类主题，还可以是社会、科学类相关主题。开展多样化的专题演讲，才能切实激发学生思维，提升学生综合素养。讲座形式包括单人演讲、多人对话、表演等。讲座是提升高中社会影响力的有效途径，因此宜面向所有乐于参加的校内外听众开放。

二、讲座分工

高中图书馆独家举办讲座，在资金及人员等方面都面临诸多困难，因此宜与其他单位合作，建立优势互补、成效共享的关系。这种合作的关键优势在于：其一，扩大主讲人的邀请范围。如与学生社团合作，一方面可以邀请多位主讲人；另一方面，学生对于讲座的敏感度很高，由其邀请来的主讲人更受欢迎。其二，缓解经费困难问题。有些合作单位设置了讲座专项经费，可补充图书馆讲座经费的不足。其三，提升讲座的参与度与影响力。如与学生管理机构合作，将图书馆讲座与学生素质成绩挂钩，可以起到很好的激励参与的效果。合作单位通过与图书馆分工协作，也能减轻讲座成本，取得相同或更佳的讲座成效。

三、讲座品牌

讲座品牌具有一定影响力，是影响讲座可持续发展的重要因素。目前，在中国图书馆界已形成了诸多讲座品牌，如国家图书馆的"文津讲坛"、上海图书馆的"上图讲座"、浙江图书馆的"文澜讲坛"等，但尚未出现知名的高中图书馆讲座品牌。讲座品牌对于主讲人、听众和合作者来说都具有重大的影响，一个具有影响力的讲座品牌是讲座可持续发展的基础。

四、讲座宣传

图书馆举办文化活动的目标是提升读者的人文素养，宣传推广是图书馆任何一项文化活动都必须关注的要点。高中图书馆举办讲座，需要加强对讲座主题、主讲人、主讲时间、地点的宣传。宣传方法主要包括：图书馆门前放置海报、馆内大屏幕滚动播放字幕、学生集散中心悬挂横幅及社交媒体新闻宣传等，力求将讲座信息及时传达给学生，增强其对于讲座的参与度，提升讲座效果。

五、讲座主题

讲座是高中图书馆的一种文化活动。高中图书馆需要从多维视角来诠释、深化讲座主题及内容。从具体实践来看，许多图书馆有意识地多重活动并用，如2022年上海市某高级中学图书馆馆长在线上平台为高一新生做了专题演讲《浓浓书香，伴你成长——如何利用图书馆》，引导学生们发现图书馆之美，营造书香校园氛围。

六、讲座衍生服务

对于高中图书馆而言，讲座内容可以成为图书馆资源的一个独特来源，为读者提供相应的增值服务，如在征得主讲人的许可后，全程录制讲座视频或集合出版成书，提供给读者，进一步提高讲座的影响力。

七、讲座管理机制

管理水平直接决定活动效果。高中图书馆举办讲座涉及较多事项，如管理策划、公共关系、宣传设计、听众组织、主讲人联系与接待、讲座主持、会场管理（拍照、摄像、提问交流控制、纪念品赠送等）、档案管理（如讲座照片、视频、讲师题词、媒体报道）、网页更新维护、数据库制作、图书出版等，既涉及馆内不同部门间的分工协作，也涉及馆外合作关系的建立与维护，必须建立有效的管理机制来保障讲座井然有序地开展。美国西肯塔基高中图书馆主办的"国家系列讲座"，通过讲座活动将图书馆与师生、社区及世界紧密联系起来。该讲座除寒暑假外每月举行一次，每期邀请一位近期到过国外进行科研或学术交流的教授（单纯旅游除外），为社区居民和学生讲述其在那个国家从事的研究经历及成果，并简单介绍该国家的地理、历史、文化、民俗、经济等情况。图书馆深知宣传工作对于讲座的重要性，所以在多种渠道进行宣传推广，如将讲座时间表刊登在相关网站上，批量印制明信片寄给师生和民众（印刷宣传资料费用从赞助单位募得），并通过博客和群发邮件预告每一次讲座。讲座地点设在城内一家最大的连锁书店，书店提供讲座场地及门票对号抽奖活动奖品。听众自愿参与讲座，但主讲教授可采用给学生加分的方式来奖励学生参加，同时也会鼓励自己的朋友和同事来听讲。每期讲座都会举行抽奖活动，参与者进场后图书馆组织者让其填写关于姓名、联系方式、职业的表格，一方面作为抽奖之用，另一方面作为图书馆后续讲座宣传对象甚至是募捐对象。每次讲座都有简单的讲义及有关国家的地图和书单。书单有两个，一个是由图书馆列出的、与讲座内容有关的图书馆藏书，以鼓励参加者到图书馆借阅；一个是由书店提供的在售书籍，这些书就陈列在讲座现场，便于促进图书销售。为扩大讲座的宣传效果，图书馆馆员在征得主讲教授书面同意的情况下把每次活动都拍摄下来。"国家系列讲座"场场座无虚席，在增进学生和社区听众对于世界了解的同时，也提供了展现教授才华的平台，使图书馆与师生、社区的关系更加密切，提升了图书馆的社会影响力。

第三节　读书会

读书会是一种阅读交流活动，活动形式通常为读书报告交流会、阅读研讨会、阅读沙龙等，主要目的是推荐图书、推广阅读、增进交流，是高中图书馆常用的阅读推广方式。读书会的运作流程包括：确定讨论主题、确定讨论图书、寻找讨论引导者、宣传、以报名或预约的方式确定参与者、开展阅读交流、汇总及整理讨论会材料，以及评估成效。实施形式通常为一名或数名引导者（如教师或是书籍作者）及参与人员就某本书或某类书交流相关问题、观点，或是交流阅读体会。图书馆以读书会为依托，开展阅读活动，既可以有效提高学生的综合素质，又极大地丰富了学生的文化生活。同时，可持续开展的读书会也能够提升图书馆的文化影响力。

读书会是一种能提高读者阅读兴趣、拓展读者阅读深度和广度、提高图书馆馆藏资源利用率的有益活动。举办读书会需要关注以下方面：第一，是否具备维护优良的阅读讨论引导者群体的能力；第二，是否具备发展壮大读书会参与者的有力机制；第三，是否有合适的场所、设施人员及充足的经费来支持读书会的运行。图书馆可采取以下对策：不同规模的读书会以合适的周期交替举行，兼顾相对小众和大众的阅读交流需求，保证读书会持续良性地开展；拓展图书馆公共关系，与合作单位共同组织读书会，争取更多读者的支持，减轻资金压力。

一、高中图书馆馆藏资源现状

在国家和相关教育机构的支持下，各高中都十分注重图书馆建设，从自然科学到工具书、期刊、报纸等，可以说高中图书馆囊括多数类型文献资源。但需要注意到，一些高中图书馆的读者数量并不多，并且较多借阅的是通俗读物，对其知识体系构建没有帮助。学生忽视了图书馆馆藏资源的重要性，造成资源闲置和浪费。

图书馆是高中教育体系中的一个重要环节，是学生自我学习、成长的重要途径，但是一些学生对馆藏资源缺乏必要的了解，导致书籍等文献利用率较低。读书会是一种集体阅读活动，集中与会者的智慧与才能，讨论相关书籍或主题。这种方法既能开阔学生视野，又能促进知识普及与传播。高中图书馆采用读书会的形式进行阅读推广，能够激励学生们阅读更多经典书籍，提高图书馆馆藏资源利用率。

二、读书会策划

读书会定期举办，可以一周一次，也可以半个月一次，活动组织者可以选择一部具有代表性、话题性的经典作品作为专题。图书馆可以组建一支领读队伍，即在读书会中起牵头作用的成员。首先，每一阶段都会选择一位对当前阅读文献有较深认识或研究的读者作为主持。其次，还需数位读者负责收集书籍的背景资料，厘清书籍脉络，并分析经由书籍所能引起的议题。最后，由专人负责阅读推广工作。例如，撰写宣传语、制作海报等。外联人员主要负责对外的交流。

高中图书馆在新时期要主动服务于读者，引导读者群体深度利用馆藏资源，营造良好的阅读氛围，创建书香校园。

三、读书会主题

读书会是提高学生学习能力与文化素养的有效途径。高中图书馆在举办读书会之前，首先应明确主题，再结合与会者实际情况从学习、生理、心理等角度拟定议题。其次，读书会主题必须鲜明，贴近学生日常生活及兴趣爱好，否则难以吸引学生关注。

同时，读书会也可以组织辩论。这种辩论可能涉及书中的某个论点或者与之有关的社会话题，从而开阔学生的视野。多读书、多思考、多辩论，可以打破思维定式。读书会的本质就是通过深入探讨点燃学生思维的火花。

第四节　竞　赛

竞赛是在一定规则下，比较能力、技术高低的一种活动形式。从高中图书馆阅读推广的角度来看，举办任何活动的最终目的都是培养读者的阅读兴趣和阅读能力，提高读者的阅读质量。因此竞赛虽然常与其他活动结合开展，但内容总是以阅读为中心。

一、竞赛活动的类型

根据参与方式，竞赛活动可分为现场型和作品征集型两种。现场型竞赛是指参赛者在同一时间、同一场地内同时完成某项任务，并且当场比较得出结果的形式，例如朗读比赛、演讲比赛、知识问答比赛等。作品征集型竞赛是将某一主题或某一类型的创作作为比赛内容，读者无需在现场进行创作，只要在规定时限之内递交参赛论文，主办方会安排评审，例如书评、诗文比赛等。

二、竞赛活动的特点

竞赛活动的特点体现在对读者有显著的激励作用和长效影响力两个方面。

（一）阅读激励

竞赛活动的激励主要体现在两个方面：一方面，它为参赛者提供了展示才华的舞台，使参赛者获得精神上的满足；另一方面，诸如奖金之类的物质奖励对参赛者也有一定的激励作用。总的说来，可以从各个角度对参赛者进行激励，增强参赛者的阅读热情和主动性。

（二）长效影响力

一次竞赛活动从预热宣传、报名、预赛、决赛到成绩公布与推送，涉及诸多环节，可以在一段时间内吸引公众的注意力，提高社会影响力。

三、关键实施因素

（一）成立组织委员会

为了保障竞赛的顺利举办，首先需要成立活动组织委员会（简称"组委会"），根据不同职责，下设对应的小组。竞赛组委会主要职责包括：第一，保障活动主办方、协办方和参赛者之间顺畅地沟通；第二，设计竞赛流程、竞赛规则和竞赛内容；第三，后勤与保障；第四，作为评委为选手和作品打分。不同的小组各司其职，才能顺利地完成整个活动。

（二）竞赛流程及规则

设计流程和规则是竞赛活动"比什么、怎么比"的重要说明。如果是现场型竞赛，在流程设计上需要尤其注重活动现场安排、设备准备、人员调控等问题；如果是作品征集型竞赛，在设计活动各流程时要关注作品提交方式、联络人设置等问题，保障整个活动各流程顺利衔接。

第五节　朗诵活动

朗诵是一种传统的阅读方式，也是高中图书馆阅读推广工作中经常采用的活动形式。许多图书馆和书店都举办过朗诵活动，例如哈尔滨果戈里书店的"朗读者计划"等。随着中央电视台《朗读者》节目大热，在央视的宣传和影响下，经典朗诵再次得到社会的广泛关注。

一、朗诵活动的特点

（一）选用经典名著

从活动组织者的角度来说，经典朗诵是阅读推广活动的重要内容，对提高读者的道德修养有着积极的作用。对于高中图书馆来说，举办经典名著朗诵活动，有利于弘扬民族精神，增进高中生对中华优秀传统文化的理解。在朗诵活动中，读者主动选择的朗诵对象通常是脍炙人口的经典名著，这不仅是因为这些作品的遣词造句经过作者千锤百炼，适合朗诵，更是因为这些作品传递出作者的理念与精神，能带给读者收获与感悟。

（二）活动门槛较低

朗诵活动的基本要求是朗诵者能使用普通话正确流畅地对照文本念出或背诵出选段，对于参与活动的读者的阅读能力要求不高，参与门槛较低。对于阅读能力较低的群体（如儿童、残障人士）来说，也能参与。从这个角度来说，朗诵活动有助于消除弱势群体的阅读障碍，促进图书馆资源与服务的公平利用。

（三）促进"深阅读"，提升表达能力

要想完美地朗诵一篇文章，仅仅熟读是不够的，朗诵者还需要通读作品，通过揣摩文字背后的深意，在了解写作背景后试着去理解作者当时的心境与情感，探索作者的表达意图，并在此基础上，加上自己的理解与语

气，才能更好地朗诵、演绎该作品。整个过程都需要朗诵者仔细反复地阅读，这有助于提高其阅读能力；朗诵者需要揣摩和学习专业的说话方式，间接提高了表达能力。

二、朗诵活动实施的关键

朗诵效果主要体现在对听众的感染力上，听众对朗诵者分享的内容能感同身受，朗诵的作用就体现出来了。要提高感染力，除了提高朗诵者本身的朗诵能力，环境氛围的影响也很重要。因此，在组织朗诵活动时需要重点关注这两个部分。

（一）完善活动流程，提高朗诵质量

参与朗诵活动的读者大部分不是播音、主持专业出身，在发音、语调等方面必然存在瑕疵。为了提高活动效果，策划时应在活动流程中加入筛选与培训环节。这样不但能帮助参与者提高阅读能力，而且有助于其感受语言的魅力，提高艺术修养。

（二）丰富活动形式，营造环境氛围

纵观各种朗诵活动不难发现，朗诵不仅是站在台上放声读那么简单。为了提高表达效果，对听众产生更强烈的感染力，有些朗诵者会使用配乐、配舞，或是制作播放配套的视频等，更像是一场文艺汇演。因此，活动组织者在策划活动时不需要限制活动形式，活动地点也可以根据活动主题灵活调整，对灯光音响、服装道具、现场协调等问题都需要仔细设计，妥当安排。

第六节　真人图书馆

一、发展源流

真人图书馆又称活体图书馆。作为一种阅读推广活动,"以人为书"是这种活动的主要特征。具体来说,这是一种将个人的阅读行为立体化的活动。它把"人"当作可借阅的书,把人的经历与知识当作读者阅读的内容,把真人书与读者的交谈当作书的阅读方式,以达到鼓励交流、分享经验的目的。真人图书馆活动最早出现于丹麦。2000 年,一个名为"停止暴力"的非政府组织在罗斯基勒音乐节上举办了一项活动,目的是反对暴力、鼓励对话和帮助参加节日的游客之间建立积极的关系,这是真人图书馆的雏形。

我国真人图书馆的发展最早可追溯到 2008 年。上海交通大学图书馆承办了"数字图书馆前沿问题高级研讨班",与会的图书馆学家发起在国内开展真人图书馆活动的倡议,并且就相关课题进行了探讨。此后,有关真人图书馆的研究与实践日渐增多。

二、活动类型

真人图书馆活动根据真人书和读者的数量,可分为"一对一""一对多"和"多对多"三种类型。早期的真人图书馆活动以"一对一"类型为主,即每本真人书在同一时间仅和一位读者交流。这种形式方便真人书与读者进行私人的、深度的交流,但是"一对一"的活动形式限制了参与者的人数,导致活动效率较低。而"一对多""多对多"的形式在同一时间能容纳更多的读者，真人书与读者的交流、真人书之间观点的碰撞、读者之间的互相学习触发了各种交流与思考，在有限的时间、空间中读者学习到更多的经验，活动效果和氛围更为凸显，因此逐渐成为更常见的形式。

三、活动特点

（一）主题广泛，灵活真实

作为活动开展核心的真人图书，选择范围非常广泛。他可以是某个领域的专家，也可以是有独特经历的人，尤其是高中本身就有大量的教师、学者，各种有特长的学生以及各行各业的社会合作人士，这些都可以作为真人书的来源。每本"书"可以分享给读者的内容来自个人丰富的经验和感悟，可以带给读者更为深刻的体验。

（二）形式开放，互动性高

真人图书馆活动中，读者的阅读行为通过和真人书的交流实现，真人书的分享内容根据读者的提问而定，更有针对性；互动交流的形式易于激发读者的阅读积极性和阅读效率。

（三）硬件要求低，简单易行

真人图书馆活动开展的关键是真人书的选择与读者需求的满足，对硬件要求不高，线下活动通常需要独立场所，而空间资源正是图书馆的优势；线上活动可以借助社交媒体平台，非常容易实现。

四、组织实施的关键点

（一）活动组织

开展真人图书馆活动，需要成立一个专门的活动团队，才能确保活动有效、持续地开展。活动团队既可以由图书馆馆员组成，也可以由学生组成，抑或由馆员与学生共同组成。同时，组织者需要根据调研和相关经验制定活动章程，梳理活动流程，确保从征集真人书到活动举行，以及后续管理都有据可依。

（二）真人书挑选

高中图书馆在挑选真人书的时候，选择主题及范围很广泛，同时由于读者类型固定，阅读需求相对明确及统一，选择真人书的方向大致可分为学习指导、人生导向、出国留学、艺术欣赏、科学研究等几大类。

（三）真人书管理

真人书也是一种馆藏资源，需要进行资源建设与管理。在活动结束后，按照详细的真人书借阅规则，对真人书进行编目，记录活动中不涉及隐私和需经活动参与者同意的内容，使隐性知识显性化；将活动资源上传到各相关平台，方便更多的读者参阅。另外，在开展活动的同时注意积累经验，不断探索活动评价体系，进一步提升真人图书馆活动效果。

第七节　图书漂流

20世纪60年代，欧洲出现了一种新型的分享书籍的方法：人们将贴有特定标签的图书投放到公园、咖啡馆等公共场所，无偿提供给拾取到的人阅读，拾取的人读完后，根据标签提示将书投放到公共环境中去，供下一位拾取者阅读。

2001 年 4 月，第一家图书漂流网站成立，基于网络的快捷传播，图书漂流活动风靡全球。

2004 年，我国的春风文艺出版社将三本畅销书放出漂流，拉开了中国图书漂流行动的序幕。其后，我国高中图书馆也采用图书漂流的方式来开展阅读推广，使书籍的价值在不断传阅的过程中得到无限放大。例如，毕业生离校前夕，图书馆组织人员发起捐书活动。对获赠图书，图书馆进行登记造册，并让采编部择其适用者补充到馆藏中；未入藏的图书转到"爱心图书漂流架"进入传阅流程。

图书漂流是增强城市、社区及学校文化氛围的一种阅读推广形式。实施图书漂流活动的关键在于形成有效的漂流运作机制，包括漂流图书的主题类型、汇集场所地点、整理方法、放漂与回漂管理方法、志愿者支持团队管理与协作方法等。另外，重视宣传推广，以及与其他机构合作开展影响力较大的活动，也是图书漂流活动需要关注的内容。

第六章　高中图书馆阅读推广活动

第一节　基于微信平台的高中图书馆阅读推广活动

一、微信与微信平台

（一）微信与微信公众平台

1. 微信与微信公众平台的概念

微信是腾讯公司在 2011 年推出的一款实时通信软件，作为联合各种渠道的信息传播工具，微信可以通过网络的发展充分实现其扩散的作用。任何组织都可以利用微信开发接口，建立第三方服务平台，从而将用户和平台联系起来。通过这个开放的平台，用户可以实现对自己个人信息的管理，以及设置自己想要的权限等功能。

2. 微信服务的特点

微信不仅在中国大陆被广泛应用，在海外市场也受到了高度认可，支持多用语言。世界上 100 多个国家的用户可以通过短信注册的方式加入微信。丰富的语种也为高中图书馆开展微信服务提供了极大便利。

（二）微信平台与高中图书馆服务

1. 成本较低

微信是一个免费软件，信息和数据在移动无线网络环境下，可以实现完全自由流动和低流量传播，微信平台不需要开发客户，只需要加载服务内容便可以让关注的用户收到的最新消息和享受最新的服务，只需要合理地调用微信开放接口就可以实现互动。沟通用户不需要支付通信费用，只消耗少量的流量，可以进行聊天、小组讨论、查看朋友圈和读文章等各种活动。在无线网络环境中，低成本的优势得到了充分体现。

2. 即时便利

微信公众号可以为用户开放多达 10 多种功能的应用接口，同时如果有新功能要开启或者关闭，对正在使用的功能没有影响。用户登上微信就可以管理自己的信息，只需要添加图书馆的公众号或者扫描图书馆的二维码就可以与移动图书馆建立连接。另外，微信还可以让用户实时享受到图书馆服务，操作极为便利。

3. 推送服务精准

微信几乎适用于所有的操作系统和不同版本的移动终端，用户只需要让设备连接到互联网就可以享受微信带来的便利。根据用户注册信息及关注最频繁的内容，微信图书馆可以有针对性地推送不同读者群需要的内容。这样的推送服务，一方面可以节约读者搜索的时间，另一方面也可以提高微信图书馆的利用效果，同时还能促进移动图书馆快速发展。

4. 服务内容丰富多彩

与现有的图书馆服务相比，微信图书馆方便查询，且可以显示文字、图片、音频、视频，丰富的内容和形式可以更好地服务于用户，提高图书馆的关注度。高中图书馆通过开展各种形式的微信服务，可以吸引读者的兴趣，扩大阅读推广的范围。

二、高中图书馆微信阅读推广

（一）微信平台开展阅读推广的基础

随着互联网技术的发展，当代高中生越来越倾向于使用即时通信工具与人沟通。微信自推出以来，由于其强大的功能和良好的客户体验，受到广大用户的喜爱。微信公众平台推出后，在教育、医疗、传媒、营销等方面都有广泛应用。当前，很多机构的服务观念发生了转变，不再是被动等待，而是主动提供。许多高中纷纷接入微信开放平台，主动为师生提供各种服务。图书馆可以根据自身需求自行或者委托第三方进行微信公众账号的二次开发，搭建阅读推广公众平台。

（二）微信平台在高中图书馆阅读推广中的应用

1. 微信阅读推广良好的接受度

微信作为一款社交软件，用户基数巨大。图书馆微信公众号可以每天推送阅读推广的相关内容，例如活动主题、活动形式、活动时间与地点等。由于微信公众号具有推送精准等特点，图书馆推送的阅读推广资讯传播率也较高。

在用户体验上，并非所有网站、手机图书馆 APP 应用的用户体验都像微信一样好。无论是网站还是手机应用软件，都要登录才能获取所需数据，系统占用的资源较多，对高中生来说适用性低于微信。

2. 微信阅读推广及时性强

微信作为包含即时通信工具功能的手机社交软件，在阅读推广活动中可以及时服务到读者，读者能够在微信上随时查阅图书馆推送的阅读推广信息。而对于网站、手机图书馆 APP 应用受服务模式的影响，及时性不强，读者需要先提交信息才能体验相关服务。

3. 微信阅读推广读者交互性高

微信阅读推广具有极好的读者交互性。图书馆能够有效地与高中生读者之间形成交互，既增强了双方的信息互动，又满足了读者的个性化信息需求。网站、手机图书馆 APP 受技术和成本的制约，不便与读者形成、实现交互性，很难满足个体的阅读推广需求。

高中图书馆可以让学生参与微信阅读推广活动，甚至让学生成为阅读推广的主力，使阅读推广主体和客体之间不再界限分明，提高图书馆阅读推广的关注度和影响力。

4. 微信阅读推广传播范围广

微信朋友圈是微信的一个重要功能，读者可以将自己喜欢的内容通过朋友圈与其他读者分享。高中图书馆通过微信公众号向学生推送阅读推广优质内容，如果读者对推送的文本、语音、视频、图片等内容感兴趣，除了"点赞"外，会自发地为图书馆宣传，做阅读推广转发，就能在朋友圈中传播，实现群体传播和人际传播。任何微信用户都可以将自己的朋友圈当作平台进行信息传播。这样一来，阅读推广信息就实现了几何级数的扩散，图书馆官方账号每增加一个关注者，就意味着增加了一个潜在的用户群。这种传播具有极强的扩散性，充分展现微信平台是公众社交平台的重要力量。

三、微信平台阅读推广工作的建议

（一）开设高中阅读微信平台

高中微信阅读平台的开设要与移动图书馆相区分，前者的主要目的是进行校园阅读推广，而后者的主要目的是实现传统图书馆部分功能的移动化和便捷化。可以预见，阅读推广平台将在很长一段时间与移动图书馆并肩同行，但设立独立而专业的高中微信阅读平台是可以期待的。作为以阅读推广为使命的图书馆官方微信平台，应在菜单和栏目设置上加大阅读推广内容的比重，直接体现阅读推广工作。在推荐书目时，应允许进入移动图书馆进行检索获取，或者直接将推荐的图书链接到可阅读的电子书界面，以吸引他们精读、深读整本图书，把碎片化阅读引向精读，利用移动图书馆功能实现阅读推广效果。

（二）科学设置阅读推广菜单

在对阅读推广工作进行科学分类的基础上，通过菜单和栏目的设置充分体现微信平台的原则性与灵活性，将长期开展的无须频繁更新的阅读推广工作细分设置为菜单名称，将需要不断更新或不方便形成常态的推广形式借用信息推送栏目予以实现。例如，诺贝尔文学奖、茅盾文学奖获奖作品可以作为"好书推荐"菜单的内容，同一作家的不同图书或者围绕同一主题的不同作者的图书等可以作为"阅读专题"菜单的内容。此外，菜单设置中应避免使用"阅读推广"这样笼统的菜单名称，增设体现个性化阅读的精细化菜单，并通过菜单点击统计功能来找出读者感兴趣的菜单，进一步整合优化。

（三）完善创新阅读推广栏目

在各类阅读推广栏目中，荐书类和专题类因更新周期较长，可固化为平台菜单，便于读者查阅；活动类、比赛类、文章推荐类以及读书类应进行有计划的规律性推送，强化推广效果，形成品牌效应。在推送比重上，应加大诗词美文欣赏等文章推荐类信息，因为此类信息是最直观的微信阅读推广形式，一经阅读就实现了阅读推广效果。此外，还应结合自身资源特色大力开发新型阅读推广形式，同时注意借鉴他人经验。例如，多方位增进阅读效果的"立体阅读"，扩大阅读推广参与人群并加强分享互动的"真人图书馆"，充分利用微信投票功能的"图书投票"等。

（四）丰富阅读推广信息内容呈现方式

内容为王，一直以来都是新媒体的铁律。当前，具有直观性的微视频、图像等视听资源尤其受到读者的青睐。因此，结合新媒体阅读的特点，加大图片、视频、音频等信息呈现形式，美化版面设计，恰当使用网络热词，既是增强阅读推广效果的需要，也是时代发展的潮流。此外，进一步开发微信平台新特性、新功能，如数据分析、定位、游戏等，促进学生参与，创建学生用户在线社区图，使微信阅读推广成长为相对独立自主的校园阅读推广形式。

第二节　基于新媒介视域的高中图书馆阅读推广活动

一、新媒介环境下阅读特征的变化

（一）阅读载体多元化

新媒介时代，信息资源发布呈现多元载体形态，除传统的纸质书刊以外，手机、平板电脑、电子阅读器等新媒介都是阅读的新载体。数字阅读日渐成为人们的一种生活方式。

（二）阅读内容碎片化

传统媒介时代，人们阅读纸质图书，一般是按顺序逐字、逐句、逐页翻读，呈现的是线性逐步深入的阅读状态，阅读时间相对较长，思想会随着图书内容的深入而不断推测、探究和思考。而基于新媒介的数字阅读是一种随意的、搜索性的、浏览式的、跳跃式的阅读。人们不断地点击浏览，通过搜索引擎、主题链接反复不停地转换，导致阅读变成浏览、搜索代替记忆，阅读内容"碎片化"现象严重。这种阅读方式，使得读者不能专心，缺乏深入的阅读体验，直至失去所应有的专注与沉思的能力。

（三）阅读活动互动性强

新媒介时代，作者和读者之间得以双向、自由、平等地交流。在阅读过程中，读者可以在社交媒体平台上发布、交流、分享、获取信息，直接参与网络阅读或创作过程，以写评论、写日记等形式发表自己的观点，和作者或网友互动。这样的阅读方式打破了传统阅读的时空限制，加强了作者与读者之间的互动性，增强了读者的参与性，让读者有主动融入的情绪体验。

读者只要随身携带移动新媒介，就可以在任何时间、任何地点自由地阅读自己喜欢的内容。尤其是手机阅读，更不受地域和时间的限制，读者可随时随地进行阅读；读者在阅读过程中碰到不认识的字或不理解的词时，很快就能在搜索引擎上得到答案，这种便捷的检索功能，是传统纸质阅读无法比拟的。

目前，数字阅读不仅有看书、听书的功能，还可植入插图、动画、视频等，给读者带来一个图文并茂、声色共存的阅读天地。相比纸质阅读，新媒介把阅读变得形象、立体、生动，读来趣味无穷。新媒介阅读标志着阅读进入了一个新的时代。

二、网络直播与阅读推广

（一）网络直播的概念

网络直播吸取和延续了互联网的优势，利用视讯方式进行网上现场直播，可以将产品展示、相关会议、背景介绍、方案测评、网上调查、对话访谈、在线培训等内容现场发布到互联网上，利用互联网的直观、快速、表现形式好、内容丰富、交互性强、地域不受限制、受众可划分等特点，加强活动现场的推广效果。现场直播完成后，还可以随时为读者继续提供重播、点播，有效延长了直播的时间和空间，发挥直播内容的最大价值。

我国网络直播大致可以分为两类：一类是在网上提供电视信号的观看，例如，各类体育比赛和文艺活动的直播，这类直播原理是将电视（模拟）信号通过采集，转换为数字信号输入电脑，实时上传网站供人观看，相当于"网络电视"；另一类则是真正意义上的网络直播，即在现场架设独立的信号采集设备（音频＋视频）导入导播端（导播设备或平台），再通过网络上传至服务器，发布至网址供人观看。这类网络直播较前者的最大区别是直播的自主性：独立可控的音视频采集，完全不同于转播电视信号的单一（况且观看效果不如电视观看的流畅）收看。

（二）网络直播的优势

随着网络视频直播浪潮的迅猛发展，视频直播类应用也层出不穷。网络直播的兴起是符合互联网发展潮流的信息形态，它的出现给我们的生活带来了巨大变化。从用户的内在需求和外部信息需求来说，网络视频直播的优势主要体现在以下几个方面：

1. 受众广泛

网络媒体的传播影响力巨大，其广度与范围远远超过其他媒体。较高的网络普及率为图书馆开展阅读推广活动提供了良好的受众基础。同时，国家信息化推广与普及的战略使能够正确使用与操作信息化设备的人群大幅增加。利用互联网开展电子商务（如淘宝）、电子政务（如证件申领）、金融服务（如银行、证券）、沟通交流（如 QQ）、休闲娱乐（如网络游戏）、新闻获取等，已成为人们在现代社会中生活与工作的必备技能。

2. 获取方式多样

台式电脑、笔记本电脑、平板电脑、智能手机等都可以获取阅读推广直播信息，读者可根据自身需要选择设备。网络终端的多样性使获取阅读推广直播信息的选择方式更加丰富。

3. 互动性强

与传统媒介相比，网络媒体的突出特点是互动性。传统媒介的信息传播是单向的，受众被动接受，难以实现互动交流。而网络媒体的信息传播是双向的，受众参与效果明显。

4. 时空适应性强

阅读推广直播依托网络，可以使接收信息的时间、空间不受限制，只要读者处于网络覆盖区域就能够获得阅读推广视频信息。这为信息的传播拓展了无限空间，时空适应性更强。

（三）网络直播与图书馆阅读推广

1. 网络直播与阅读推广的关系

网络直播是将信息同步公开面向受众传播的一种及时播出、具有双向流通过程的信息网络发布方式。阅读推广是图书馆及社会有关方面为培养大众阅读习惯、激发大众阅读兴趣、提升大众阅读水平进而促进全民阅读所从事的一切工作的总称。

网络直播和阅读推广的相关性在于，二者都符合传播的定义。传播是指社会信息的传递或社会信息系统的运行。因此，网络直播和阅读推广都是传播的具体手段。根据传播学理论，任何阅读推广活动，不外是对推广主体、阅读者、对象及推广媒介等要素在一定时空范围内进行一定的设计、组合、组织和配置的结果，通过它们之间的相互作用，达成诸如促进知识分享、提升精神层、获得有用信息及愉悦身心等阅读目的。由此可见，网络直播和阅读推广相结合的过程，即是一种网络直播作用于阅读推广，阅读推广反作用于网络直播的相互促进的过程。二者相辅相成，推动网络直播和阅读推广的共同发展。

2.网络直播资源与多媒体资源的关系

多媒体资源库是图片、音频、视频等多种媒体资料的集合，并基于网络进行资料检索和使用，信息储存量巨大，使用便捷，视听效果优越。图书馆多媒体资源包括音乐、电影、讲座等音视频资源和数字媒体资源。网络直播资源是多媒体资源的重要组成部分。网络直播后的视频留存，同样可以作为图书馆馆藏的多媒体资源给予公众共享，达到丰富资源、文化熏陶的目的。

（四）利用网络直播进行阅读推广的优势

1.及时展示现场情况

对于现场情况的实时记录和展示，是网络直播的重点内容。阅读推广活动由读者自主参与，但是由于场地、时间、人数等因素的限制，能到现场的读者数量有限，而网络直播的优势就在于突破这些局限。直播结束后的视频回放功能和聊天室记录，也满足了没能实时观看直播或者希望重温精彩内容的读者需求，因此点播量在直播结束后还常常会出现增长。

2. 实现馆员读者的在线互动

网络直播互动性强，没有网友参与互动的直播，不是真正的网络直播。因此，图书馆在阅读推广活动中融入网络直播，必须转变常规工作思路，既要充分考虑活动现场的组织情况，又要适应信息在网络上传播互动的特点，做到线上线下密切配合。

3. 突出参与者的个性和表现力

因为活动主持人、主讲嘉宾和现场读者是整场活动的主角，所以进行网络直播的时候能够突出线上线下参与者的个性与表现力，释放公众表达的欲望，体现了"人人皆媒体"的传播新格局。主讲嘉宾的观点能够为更多读者所了解，读者的反应能够引起更多人的共鸣。在另一个层面上说，这种更为直接的信息传递方式也让信息具有更高的可信度，收获更强的认同感。

4. 开辟宣传的新战场

根据事业发展的需要，高中图书馆越来越重视宣传工作。传统的宣传手段包括利用图书馆的宣传栏、馆情刊物、官方网站、微博、微信等发布相关信息，以及邀请报纸、电视、电台、网络媒体的记者和编辑到馆进行实地报道。这些宣传方法都存在一定局限性，如受时间和空间的限制、订阅的限制和新闻采编流程的限制等。

网络直播可以突破上述宣传限制。图书馆自主决定宣传方式和内容，有利于发展更多潜在受众，开辟宣传的新战场，而且自由度更大、选择面更多、针对性更强。在这种情况下产生的宣传效果往往是传统的宣传手段难以达到的。

三、基于新媒介的高中图书馆阅读推广策略

（一）保证图书馆阅读推广的组织性、系统性、持续性

图书馆结合实际情况，安排相应人员进行活动规划和组织，可以号召学生、社会成员参与组织构成，在组织的内部进行选举评定、确定最终的部门成员和两三个管理人员。集体商议组织管理制度，在实践中不断总结补充，严格执行，规范组织成员的行为。加强与其他部门、协会的联系和沟通，及时总结活动经验和教训，调查了解活动参与者的想法，完善活动举办的方式方法，根据参与者的反馈完善活动细节。例如定期举办读书会这样的阅读推广活动，统计参与人员的阅读书目和进度，安排阅读内容相近的读者同组交流，鼓励读者和大家一起分享读书心得；开启读书会现场网络直播，并将留存视频作为图书馆馆藏资源分享给读者。

（二）扩大图书馆阅读推广的范围，提高资源供给质量

图书馆可以采用多种形式收集读者建议，完善阅读推广工作流程，扩大阅读推广的范围。保持传统的图书推荐栏、读书标语、黑板报等阅读推广方式，不断丰富宣传内容；创办图书馆杂志、周报等，鼓励大家积极投稿，参与活动；设立特色板块，对内容进行分类，积极回复读者的意见建议，让读者认识到图书馆对于工作改进的重视，使大家对于图书馆活动更有信心；利用新媒体优势，及时发布阅读推广信息。合理规划、丰富馆藏，积极了解读者意愿，对需求量大的书籍加大采购量，一些需求少的书目则可以适当控制购进量；合理安排借阅操作流程，对于量少但借阅需求高的书籍进行借阅预约，对借阅时间加以限定，保证读者可以尽早借到自己要看的书籍；深度开发数字资源，处理好各资源库之间的对接，确保资源共享的便捷化，等等。

第三节　基于"互联网+"的高中图书馆阅读推广活动

一、"互联网+"概述

"互联网+"指依托互联网信息技术实现互联网与传统产业的联合，以优化生产要素、更新业务体系、重构商业模式等途径来完成经济转型和升级。该种模式可以充分发挥互联网的优势，将互联网与传统产业深入融合，以产业升级提升经济生产力，最后实现社会财富的增加。

"互联网+"环境下高中图书馆阅读推广，主要是指利用现代信息技术与互联网平台开展精细化的阅读推广活动，如通过数字图书馆、微服务推广平台（微信、微博等）、社交软件等开展的阅读推广活动。伴随着互联网应用的快速发展，高中图书馆不断进行"互联网+"图书馆的努力与尝试，并在阅读推广方面取得了可喜的成绩。

二、"互联网+"与图书馆

图书馆"互联网+"是新一代图书馆管理与服务创新相互作用、共同进化，从而推进图书馆发展新形态的高度概括，有助于推动形成图书馆管理与服务不断创新的大数据知识服务生态系统。具体有以下几种基本特征：

（一）跨学科、专业、行业与领域的有机融合

图书馆学是一门综合性应用型学科，因此图书馆理应走在"互联网+"理论与应用研究的前列。高中图书馆与专业图书馆之间可以搭建"互联网+"平台，实现数字资源共享、联合编目、馆际互借等，以最大化地利用各图

书馆馆藏资源。

（二）思想创新、制度创新、开放创新的协同发展

科技创新一直都是国家发展战略的重要组成部分。在这样的大环境下，国内图书馆传统的粗放式资源驱动型服务模式遭遇到空前的发展瓶颈，所以图书馆人打破图书馆管理、服务的局限，转变到创新驱动发展这条路上来，从而建立起可协作、可跨界、可融合的协同发展模式。

（三）业务结构、关系结构、文化结构的重新锻造

在互联网浪潮的冲击下，高中图书馆的业务结构、关系结构、文化结构面临巨大挑战。互联网在改变这些结构的同时，也帮助图书馆与读者建立全新的关系模式，使读者参与图书馆管理与服务创新等过程。

（四）强调用户参与，尊重用户需求

在图书馆"互联网＋"体系中，打造读者参与的互联空间是图书馆构建开放创新服务平台的核心。图书馆长远发展的基础是获得读者的支持，尊重读者多样化、个性化的阅读需求，让读者在图书馆"互联网＋"体系中乐于创新，从而让图书馆管理与服务的"每一个细胞都动起来"，打造图书馆建设与发展的新引擎。

（五）开放的大数据知识服务生态系统

图书馆"互联网＋"的发展依赖于大数据知识服务生态系统，其特征是开放、共享。许多高中图书馆摒弃制约创新的影响因素，由读者需求来驱动图书馆管理与服务改革，使图书馆知识服务产业化，更加适应新时期高中图书馆的发展需求。

（六）物理世界与虚拟空间的智慧互联

在"互联网+"模式下，高中图书馆实现物理世界与虚拟空间的智慧互联。智慧互联基本要素包括信息技术（如互联网、物联网、大数据、云计算等）、服务场景（如实体图书馆、数字图书馆、信息共享空间等）、参与者（与图书馆相关的人、物、机构、系统、行业、平台等）、服务协议与交互规则、信任关系等。

三、"互联网+"与阅读推广

（一）"互联网+"阅读推广的优势

1.读者满意度提高

在"互联网+"信息技术的支撑下，高中图书馆通过采集、分析相关数据，调查读者的阅读兴趣与阅读意向，有针对性地向读者推送个性化阅读推广信息；及时汇总读者的反馈意见，评估阅读推广服务效果。这样一来，读者能够充分利用互联网来满足自身阅读与学习需求，极大地提高了阅读推广服务满意度。

2.读者群体开发度广

读者群体开发度指的是在原有群体基础上通过阅读推广对读者关系网中的成员进行阅读开发，使得读者群体不断扩大的特性。在互联网模式下，图书馆可以不断扩大读者群体，将社会读者纳入高中图书馆服务范畴，使得阅读不再有界限，全面提升知识利用率。与此同时，阅读不再受时间和空间的限制，全民阅读成为可能。

3.提高阅读推广的服务效能

将阅读推广和"互联网+"思维结合起来，可以最大限度地发挥互联网技术的优势，实现以更低的投入、更快的速度覆盖最大范围的群体。与"互联网 +"结合的阅读推广，可以更好地掌握读者阅读需求，能够为读者提供精准服务。

（二）"互联网 +"高中图书馆阅读推广实践

当前，各高中图书馆普遍重视阅读推广，通过举办内容丰富、形式多样的阅读推广实践活动，提高馆藏资源利用率和读者服务满意度。通过图书馆举办、图书馆与校内其他部门合作、跨校区图书馆合作三种方式，高中图书馆一方面有效整合了自身资源与服务，另一方面也扩大了读者群体，提升了阅读推广的影响力。

传统的高中图书馆阅读推广方式主要有举办图书展览、开办讲座、新书推荐、图书漂流、阅读之星评比、书海寻宝、读书交流会等。读者通过参与相关活动，分享阅读经验，获得知识，提升阅读能力。

"互联网 +"阅读推广与传统方式相比存在明显区别：传统阅读推广缺乏有效的信息甄别手段，"互联网 +"阅读推广则是主动筛选信息，图书馆能够更好地与读者互动；传统阅读推广具有一定的时间与空间的局限性，"互联网 +"阅读推广则是让读者在泛在环境中获取信息；"互联网 +"阅读推广信息传播速度快，传统的阅读推广信息传播速度慢。

四、基于"互联网 +"的高中图书馆阅读推广策略

（一）及时更新基础设施

在没有互联网支撑时，图书馆需要大量的空间、人力、设备才能保存知识资源，而且知识利用率不高。而在"互联网 +"平台下，数字阅读的

兴起使人们随时随地都能阅读，知识的传播速度更快、范围更广，给图书馆的发展带来了新的生机。可见，计算机和网络设备是图书馆新模式的基础，而且需要不断地更新与完善，才能快速、畅通地传递信息。除此之外，以移动终端为中心推送阅读推广信息，也可开发潜在的读者群体。

（二）提升推送内容质量

高中图书馆在互联网模式下开展阅读推广，能够为读者带来全新的视觉体验，读者可以根据实际情况随时获取信息。但是，互联网的弊端也不可忽视，图书馆馆员要加强网络空间的净化管理，确保推送、链接及分享内容适合学生浏览；做好网络安全管理，保障读者信息资料和馆藏资源的安全，给读者构建健康、绿色、安全的网络阅读环境，为图书馆"互联网+"阅读推广的深入实施提供保障。

（三）线上、线下立体化推广

在"互联网+"背景下，高中图书馆可以实施立体化的阅读推广策略：线上渠道，读者可以进入图书馆官方系统，根据个性化服务或等级提升来获得更高的阅读权限；线下渠道，读者可以根据阅读成绩参与图书馆举办的各种阅读活动。

（四）确保信息实时性

高中图书馆基于"互联网+"可以为读者提供即时、全面和实用的阅读推广服务，确保读者能够随时随地获取最新的信息或资源。

第四节　基于全媒体视域的高中图书馆阅读推广活动

一、全媒体时代

（一）全媒体时代概述

1. 全媒体的概念

媒体，是指传播信息的媒介。按照大众媒体产生的时间顺序，报纸杂志是第一媒体、广播为第二媒体、电视为第三媒体、互联网为第四媒体、移动网络为第五媒体。这五类媒体中，报纸、杂志、广播、电视为传统媒体形式，随着信息时代的到来，计算机网络技术和移动通信技术的迅速发展，逐渐衍生出新的媒体形式，通常将互联网和移动网络称为新媒体。

全媒体则是指媒体机构经过记者采访、编辑及运营商采用文字、图形、图像、动画、网页、声音和视频等多种媒体表现手段（多媒体），通过广播、电视、音像、电影、出版、报纸、杂志、网站等不同媒介形态（业务融合），通过融合的广电网络、电信网络以及互联网络进行传播（三网融合），最终实现为用户提供电视、电脑、手机等多种终端的融合接收（三屏合一），实现任何人、任何时间、任何地点、以任何方式接收任何媒体内容。

全媒体包括了多种融合方式，不仅包括报纸、杂志、广播、电视、音像、电影、出版、网络、电信、卫星通信在内的各类传播工具的多渠道运行，也涵盖了视觉、听觉、触觉等人们接收信息的全部感官，而且针对受众的不同需求，选择最适合的媒体形式和管道，深度融合，提供超细分的服务，实现对受众的全面覆盖及最佳传播效果。

2. 全媒体时代的特点

参与者平等互动。在全媒体时代，参与者可以利用网络进行各种形式的互动，这就颠覆了传统的单向传播模式。例如，在浏览一个视频时，参与者不仅可以观看，还可以评论、投票、分享等。全媒体时代的传播渠道在不断延伸和复合化。

信息传播迅捷。全媒体时代的信息传播除了传统的文字、图片外，还有视频等新兴形式，在进入传播平台时也无太多限制，信息传播方便快捷。

传播主体的大众化。全媒体时代，传播媒体和传播渠道的形式多样，普通大众也可以作为传播主体利用网络平台传播信息，发表观点。

传播媒介的多元化。全媒体时代出现了多种新兴媒体，覆盖了各类信息，传播媒介日趋多元化。在传播媒介中，有传统的报纸、广播等形式，也有微博、微信等形式。由于传输渠道的多元化，受众需求也更加细化。

（二）全媒体时代的读者需求

1. 阅读形态的转变

在海量的网络信息中，高中图书馆的传统阅读媒介——纸质阅读正在逐步减少，而数字阅读逐渐普及开来。在高中的任何移动终端上，都可以即时地获取自己所需的信息，这导致了读者阅读形态的改变。

2. 阅读互动性增强

在全媒体时代下，阅读与科技深度交互、融合。读者可以在网络环境中自主地评论和写作，并且参与读物的出版过程。可以说，读者不仅是单纯的信息接收者，同时还是信息的创作者，可以自主表达观点，单一的阅读信息传播转变为双向互动式的信息传递。高中图书馆馆员则可以通过网络实现和读者之间的问题互动，这增强了高中图书馆的服务功能。

3.阅读内容呈现泛化趋势

新媒体时代，读者可以跳跃式地阅读书籍，即根据自己的需求进行阅读内容的个性化链接和跳转。这也使阅读内容呈现泛化趋势，读者可以浏览到大量的信息，但很难深入、专一地阅读一本书。

（三）全媒体对图书馆工作的影响

全媒体时代给高中图书馆管理工作带来了巨大影响。通过图书馆内媒体设备，读者可以在较短时间内检索相关信息，快捷地获取文献资料，而且减少了以往排队、填写借阅登记等程序。简单的计算机操作代替了手写的烦冗工作，改变了传统的图书阅览室、自习室等单一的构建局面，创造了轻松、愉悦的阅读环境和平台。

全媒体时代的图书馆馆员应当具备如下能力：①信息提炼选取能力，图书馆是将知识信息转化为思维和智慧的介质，为了更好地服务于读者，图书馆服务要做到快、准、稳，快速高效地查询、检索是一个图书馆馆员的基本能力；②外语应用能力，图书馆馆员不仅要在业务上精炼精细，更要注重外语应用能力的培养，做好外语查询工作。

（四）全媒体对高中图书馆阅读推广的影响

在信息传输过程中，媒体是重要载体，全媒体技术构建了新型传播方式，其主要特点包括立体化、个性化、开放性、聚合性等。高中图书馆应用全媒体技术，能够进一步丰富馆藏资源。当前，大众从原来的精细阅读转变为搜索式阅读、标题式阅读、定制式阅读、跳跃式阅读。高中图书馆在开展阅读推广活动时引入全媒体技术，增加了宣传渠道、资源种类等。

二、全媒体时代高中图书馆阅读推广存在的问题

（一）推广媒介形式较少

在全媒体时代，学生阅读方式发生较大改变，传统推广方式已经不能达到理想的推广效果。一些高中图书馆利用全媒体的优势为学生提供更加优质的阅读推广服务，但从总体上来这种尝试尚处于探索阶段，远不够完善。

（二）阅读推广主题缺乏新意

新鲜的事物更能引起人们的关注。然而很多高中图书馆在进行阅读推广时多沿用传统的推广形式和主题，不能适应服务对象的阅读方式和喜好；抑或直接借鉴其他高中的推广形式，图书阅读推广不切合本校师生实际，造成图书馆阅读推广出现高重合度的特点，针对性不强，缺乏新意。学生面对这些千篇一律的阅读推广活动，往往缺乏兴趣，因此阅读推广的效果较差。

（三）阅读推广活动类型较少

从活动类型来看，很多高中主要通过讲座、征文比赛等活动来进行阅读推广，而且在全媒体时代依然重复开展此类活动。学生缺乏参与的兴趣和热情，从而使推广效果不佳。

三、全媒体视域下高中图书馆阅读推广路径

（一）成立专门的阅读推广组织

高中图书馆可以成立专门的阅读推广委员会，有针对性地开展阅读指导和服务工作；学生也可以成立阅读协会、书友会及读书沙龙等相关组织。

高中图书馆可以创建阅读辅导室，由具有高级心理咨询师资格的馆员为读者推荐书籍，帮助读者疏导情绪和压力。

高中图书馆可以成立经典阅读推广实践组织，开展经典作品导读等活动，引导学生阅读经典文学著作，提高人文素养。

（二）创设有特色的阅读推广场所

为满足读者对于热点图书的需求，高中图书馆可以创设新书样本阅览厅。在高中图书馆与图书供应商达成协议的条件下，全校师生可以自由阅读新书，满足了师生对新出版图书的阅读需求。高中图书馆还可以创设学生公寓阅览室。突破图书馆实体空间限制，以学生自主管理和自主选择为原则，倡导学生在学生公寓阅览室内阅读，较大程度地拓展了图书馆的服务范围。此外，还可以创设高中生心理成长阅览室，推荐有益于高中生心理成长的书籍，定期开办心理爱好者沙龙和心灵成长知识讲座，促进高中生的心理成长。

（三）开展形式多样的阅读推广活动

高中图书馆可以不局限于传统的借阅服务，开展丰富多样的阅读推广实践活动。

多渠道开展阅读推广。高中图书馆可以按照特定主题，针对读者群体进行阅读推广，可以创办形式多样的图书节，如世界读书日、校园读书活动等。

丰富阅读推广内容。可以开展"读书和人生"相关主题的阅读征文活动，举办各种文化展览，邀请知名学者到学校做阅读、心理成长与经典文化等方面的知识讲座。还可以将读书节颁奖仪式和学校运动会闭幕仪式相结合，实现阅读活动与高中体育活动的完美融合。

开阔学生阅读视野，举办文化展览活动。高中可以根据学生需要举办各种文化展览活动，主要包括文学、艺术和设计等内容，如美术作品展、创意设计展等，增加学生的文化底蕴，激发学生的阅读热情。

第五节　高中图书馆阅读推广及社会化服务

一、高中图书馆阅读推广社会化服务

社会化指生物性的个体，经由参与社会团体的活动，吸收社会文化与规范，逐渐适应社会生活的过程。图书馆的社会化是指图书馆积极参与社会工作，发挥自身信息资源优势，不断促进社会发展的一个过程。高中图书馆在满足校内教职员工阅读需求的基础上逐步拓展管理服务的群体，向社会开放，为政府、企事业单位、社区居民等群体提供信息管理服务，即是高中图书馆阅读推广社会化服务。

（一）完善阅读推广常态化与社会化服务机制

当前，高中图书馆的主要是为学校的师生提供服务，而在社区活动方面却很薄弱。目前，我国高中图书馆在社会化的过程中缺少配套与引导，想促进阅读推广的常态化与社会化，就必须建立健全相应的发展机制。

（二）围绕阅读推广需求开展社会化服务

高中图书馆要在全国范围内积极参与社会化服务活动，必须采取"走出去、请进来"的方式做好阅读推广工作。"走出去"，就是图书馆馆员走进社会进行阅读推广，以多种方式展示图书馆的发展历程和发展前景，使广大市民对图书馆有更多的认识，提高其阅读兴趣，以及根据读者的阅读需要推荐书目；"请进来"，即图书馆服务面向公众，使读者能够享用本地高中图书馆的文献资料。

（三）构建阅读推广共享服务平台

当前，我国高中图书馆没有发挥好图书信息共享的产业优势，没有建立起一个社会化的服务系统。而高中图书馆开展社会化服务既是一种促进社会主义文明建设的创新性活动，也是一种有利于提高人们科学和文化素养的系统工程。要真正增强全国高中图书馆之间的联系，就要以"整体规划、分步实施、共建共享、协作服务"的原则搭建共享服务平台，运用现代信息技术和网络技术，建立一个面向公众的高中图书馆阅读推广服务体，充分挖掘高中图书馆馆藏资源，以公共服务为导向，为读者提供优质的阅读资源。

（四）做好导读工作，引导经典阅读

我国每年出版的书籍多达几十万种，然而高中生的时间和精力是有限的，只能在海量的书籍中做取舍。高中图书馆则可以依据读者的阅读能力和阅读兴趣推荐书目，同时指导读者阅读一些经典作品。

二、基于社会化媒体的高中图书馆阅读推广

社交媒介在推动图书馆的文化传播中扮演了举足轻重的角色，促进了传播的多元化，加速了传播的进程。为此，高中应充分运用社交媒介优势，制定合理的宣传战略，提升阅读推广服务效率。

（一）全民阅读时代高中图书馆信息服务社会化的必然性

长期以来，高中图书馆与社区的关系一直处于真空区。随着社会的发展和人们思想观念的变化，一些高中图书馆逐渐从"密闭"的大门中走出

来，并在社会化服务上取得了突破。高中图书馆既为本校师生提供服务，也为社会宣传和社会化服务提供帮助。现代社会，人们迫切地想要获得更多的知识和信息，以适应快速发展的时代。推进全民阅读是建设学习型社会的一项重大举措，能够形成多读书、读好书的社会文明风尚。

（二）高中图书馆社会化障碍及解决途径

高中图书馆必须打破常规思维的桎梏，积极服务于社区。我国大多数高中为降低安全风险都采取了封闭式管理的模式。而普通民众对高中图书馆的社会性功能认识不足，难以利用其馆藏资源。如何在不挤占学校教学、科研资源的前提下对社会公众开放，是高中图书馆需要深入研究的课题。对此，可以从以下方面考虑：做好对外宣传工作，树立图书馆良好形象；加大经费投入及管理力度；针对图书馆馆员开展社会化服务培训。

（三）高中图书馆阅读推广中的社会化媒体用户分析

1.需求特点

在将社会化媒体引入图书馆的阅读推广后，读者的阅读门槛进一步下降。在社交媒介时代，读者在阅读过程中与他人交流的欲望越来越强烈，例如阅读一篇精彩的文章，喜欢发表评论（包括文字、图片、音乐等），以获得其他读者的认同和欣赏。人们的阅读需要不再局限于个体的阅读，而是需要与人分享和交流。

2.心理特点

在社交媒介语境下，读者的阅读行为存在一定的交互需求，读者的阅读心理也表现出"易受他人影响"的特征。也就是说，读者很容易受到大众的分享、收藏、评论等因素的影响。例如，某个帖子被转发、评论多次后，人们就会对它产生很强的好奇心，从而想了解其内容。在社交平台上，有很多的阅读资源，人们往往先查看别人的评价，再决定是否要读。同时，在阅读时容易受到诸如视频和图片等信息的干扰。

3. 行为特点

阅读行为包括阅读的搜索与选择、阅读经验的交流等多个方面。在社交媒介环境中，读者的阅读行为表现出如下特征：一是读者可以通过多种途径检索和挑选信息；二是读者可以自主决定阅读时间、阅读地点、阅读方式等；三是读者乐于在社交平台分享读后感。

（四）图书馆利用社会化媒体进行阅读推广的具体策略

1. 选择策略时需要考虑的问题

图书馆在运用社交媒介进行阅读推广时，应充分考虑以下问题：第一，能否引起读者的关注，以便开展宣传工作；第二，能否加强与读者之间的交流，获取和满足读者的阅读需求；第三，能否与其他高中合作，增强学校的影响力。

2. 实施阅读推广策略

明确阅读推广目标。就高中图书馆而言，利用社会化媒体意在达成以下目标：引导读者使用图书馆的数字资源，提高馆藏资源利用率；吸引更多的读者，充分发挥馆藏资源的使用价值；引导读者的阅读行为。

制订阅读推广计划。选择合理的推广方向，挑选社交媒介并交由专业人士运营，给予读者更多的权限，扩大图书馆服务范围。

综上所述，为促进阅读推广的常态化与社会化，高中图书馆必须多管齐下，提升读者文化素质，为社会主义精神文明建设做出应有贡献。

第七章　高中图书馆阅读推广创新服务

第一节　高中图书馆阅读推广服务的创新

一、建立阅读长效机制

高中图书馆开展阅读推广活动既是其职能的体现，也是其社会责任的履行，对高中乃至社会都有重要意义，能够为社会培养更多的全面型人才。阅读习惯的养成不是一蹴而就的，需要漫长的培养过程。因此，阅读推广应该是一项长期活动，高中图书馆需要制定健全的服务机制，以保证阅读推广活动顺利开展。

（一）建立健全阅读推广保障体系

图书馆是阅读推广活动的主体，构成图书馆主体结构的元素是多元的，因此必须不断构建完善的主体结构，充分发挥各方面的作用，使之围绕阅读推广形成强大的系统结构。高中图书馆主体结构可以从下方面完善：一是由专门的机构统领阅读推广活动；二是强化与学校各部门的沟通与联系，形成分工明确的工作机制；三是通过校际与外界机构的合作实现优势互补，提升图书馆服务能力；四是充分利用专家资源，扩大阅读推广的影响力。

2.构建功能多样化的阅读服务平台

随着时代的不断进步，高中图书馆事业呈现出数字化、信息化、网络化等特点，为阅读推广提供了技术保障，在开展阅读推广活动时可充分利用自身优势，构建功能丰富的阅读服务平台。需要注意：其一，完善平台硬件设施，保证技术设备的正常运行；其二，不断更新并完善服务平台的信息资源，保证信息的时效性；其三，推行知识共享模式，使读者更加方便地获取资源。

3.梳理阅读推广基础理论

立足于高中图书馆事业发展现状，明晰图书馆在国家文化数字化战略中的定位，明确阅读推广的目标和任务，坚持以人为本、以读者需求为中心的服务理念，制定满足读者多样化需求的推广策略。最后，合理设置评价标准，最大限度地提高阅读推广的有效性。

（二）建立活动推广人才的培养机制

阅读推广需要专业人员的规划指导，而高中阅读推广主要的参与者是图书馆，馆员素质直接关系推广活动的进程与效果。因而，必须全面提高图书馆馆员的综合素质。

馆员不仅要具备较强的协调沟通能力，还必须热爱阅读，只有这样才能全身心地投入阅读推广工作，对学生阅读内容和阅读方式进行指导。此外，为更好地保证阅读推广的有效性，还必须从理论与实践两方面入手，构建人才培养机制，包括图书馆服务的基本认知能力、阅读基础知识能力、服务能力以及阅读推广的宣传与培训能力。新媒体环境下，还包括网络技术与阅读操作能力、网络平台的沟通互动能力等，通过培训，不断提升馆员综合能力与素质。在实践方面，在了解读者阅读心理与需求的基础上，能够组织开展多种形式的阅读活动。除此之外，还必须实行科学的考核制度，全面评价馆员的能力与素养。

二、拓宽发展渠道，丰富内容资源

信息时代，阅读推广的形式丰富多样，利用网络与新媒体技术的优势，可以发展线上、线下相结合的推广方式，创新阅读推广渠道。这种模式打破了地域限制，增强了阅读对象与组织者之间的多边互动，使组织者更加了解推广对象真实的阅读心理与需求，便于推广活动的进一步开展。

同时，借助网络新媒体平台，打造联合阅读推广网络，实现阅读推广活动的全方位宣传，这不仅能够吸引学生关注从而参与其中，更重要的是有效推动了阅读推广向深层次发展。

三、更新服务理念

在阅读推广活动中，图书馆馆员是沟通阅读推广对象与推广活动的桥梁，信息技术的日新月异对图书馆馆员提出了更高的要求。为有效提升阅读推广的效果，馆员必须转变服务理念，从思想上摒弃对原有服务的认知。尤其是在"互联网+"环境下，用户对阅读的心理与需求各不相同，采取的阅读形式与途径也各有差异，图书馆原有的知识服务已无法满足用户的需求，因此馆员应变被动为主动，积极了解用户需求，这就需要馆员变单一的知识服务为智慧服务，灵活多变地满足用户需求。

这里的"转知成慧"，强调的是馆员的价值，要求馆员从服务的目标、内容、方式等方面最大限度地发挥自身价值。高中图书馆应"以人为本"，加强与读者的沟通与交流，细化读者阅读需求，随时答疑、及时帮助，为读者提供个性化的阅读服务，以促进图书馆阅读推广工作的发展。

四、阅读推广成效评价模型

读者是阅读推广的对象，因而对阅读推广的评价也应该以读者为中心，以读者的参与、体验及达成的实际效果为考核项目。

（一）读者的知晓维度

知晓度即读者对阅读推广活动知与否的认识，包括对阅读推广的内容、范围、形式、进度等方面的了解程度。读者的知晓度主要取决于图书馆对阅读推广的宣传力度，一般来说，在图书馆自身条件充裕的条件下，阅读推广宣传活动越成功则对读者的刺激就越强，读者知晓度相应就高，进而扩大图书馆的影响力。可见，知晓度是衡量阅读推广效果的基础。

（二）读者的参与维度

"参与"即参加，对于阅读推广而言，读者的参与即加入阅读活动。参与及参与程度，对阅读推广评价具有较大影响。读者只有从心理上接受图书馆阅读推广的内容、形式，以及阅读推广活动的重要性，主要是对自身带来的有益影响，对自身价值实现的促进作用，才能真正地全身心参与其中。读者的认知程度、价值感的高低都将影响其参与度，参与程度也直接反映了阅读推广的影响力。由此可见，读者的参与维度是评价阅读推广价值的关键依据。

（三）读者的满意维度

满意是一种心理状态，读者的满意度是读者对阅读推广的内心真实感受，也是对活动效果的直观反映。在阅读推广活动中，衡量读者满足与否的标准是看读者参与阅读活动前后期望值的达成度，如若期望达成度较高，证明读者获得了较好的阅读体验，从而获得了身心的愉悦感；反之，亦然。读者的满意包括两方面：对阅读推广活动内容、形式、氛围等方面以及对参与活动后自身收获的认可度，满意度是评价活动价值的可靠保障。

（四）读者的认可维度

读者的认可是读者参与的前提，它是读者对阅读活动做出评价后的一种心理状态，是满意度在认识上的更进一步。读者认可度越高，其参与阅读活动的积极性就越强。读者对阅读推广活动的认可，是通过读者对阅读推广的意义以及读者需求的满足度来衡量。图书馆阅读推广的目的与任务是扩大阅读群体，在全社会形成阅读的氛围，这一目的的完成度很大程度上取决于读者的认可，因此，读者的认可是阅读推广效果的直观反映。

（五）读者的推广维度

基于读者的知晓、参与、满意、认可，从而形成自觉进行阅读推广的行为，是图书馆阅读推广活动成熟的标志，也是阅读价值实现的最高层次。推己及人是阅读活动时效性的最好实证。读者根据自身体验将阅读活动的价值与意义传递给他人，让其认识、了解并接受阅读，最终达到宣传、普及的目的。读者推广相对于前面的几个维度，是主动的行为表现，由被动到主动的转变，正体现了阅读阅读推广的感染力。

第二节　高中图书馆信息创新服务平台的构建

一、高中图书馆信息服务平台

信息资源日渐成为国家的重要战略资源，信息资源建设也成为国民经济信息化建设的核心。高中是培养国家未来栋梁的重要基地，更应该适应时代要求，完善学校图书馆信息服务平台建设，满足广大师生的阅读需要。

（一）图书馆信息服务的含义

"信息"一词被广泛地应用于社会、经济、科学、生活、文化、教育等各个领域。就信息的来源而言，它不仅包括人与人、组织与组织、人与组织、人与社会和组织与社会之间的各种交往，而且包括人类与自然界、自然界中生命物质和非生命物质之间的"交流"及作用，所以，信息不仅仅是人类社会活动的产物，也是生命物质与非生命物质运动的产物。服务，指为满足顾客的需要，供方和顾客之间接触的活动以及供方内部活动所产生的结果。分析可知：服务的最终目的是满足用户的需要；服务的前提条件是提供服务的机构与接受服务的用户要有接触；服务用户与供方接触时的活动对于服务提供至关重要；服务可以与有形产品的制造和提供结合在一起；服务用户可以是机构内部也可以是机构外部的。图书馆作为独立的社会机构，其社会职能之一就是保存信息资源，并向社会提供信息服务，从而体现出它的社会价值。信息服务有广义和狭义之分。广义的信息服务，泛指以产品或劳务形式向用户提供和传播信息的各种信息劳动，即信息服务产业范围内的所有活动，包括信息产品的生产开发、报道分配、传播流通以及信息技术服务和信息提供服务等行业。狭义的信息服务概念指专职信息服务机构针对用户的信息需要，及时地将开发加工好的信息产品以用户方便的形式准确传递给特定用户的活动。

（二）图书馆信息服务的理论基础

1.阮冈纳赞的图书馆学五定律

印度图书馆学之父阮冈纳赞在其《图书馆学五定律》一书中提出了被图书馆界一直以来尊为经典理论的图书馆学五定律：书是为了用的；每个读者有其书；每本书有其读者；节省读者的时间；图书馆是一个生长着的有机体。[①]

（1）书是为了用的。图书馆的主要职能并不是收藏、保存图书，而是使图书馆得到充分利用，这是开展一切服务工作的前提。任何一本图书，只有通过人的使用才能显示它自身的价值，再好的图书，装帧再精美，如果它不能为人所用，就没有存在的价值。图书馆所处理的信息资源无论是拥有还是存取，都是为了用户的信息需求。

（2）每个读者有其书。图书馆以开放的姿态迎接读者，提供读者所需求的信息。这一规律也可以从两个方面理解：第一，图书馆是为大众服务的社会机构，应该消除阶级、城乡、年龄、文化程度等方面的障碍与差别；第二，要求提高藏书的保障率，让每位读者都能够得到其所需要的图书，图书馆以读者需求为导向去组织信息资源，以保证尽可能地满足读者的信息需求。

（3）每本书有其读者。提高馆藏资源利用率，为每本书找到其潜在读者。要达到这一目的就必须充分了解读者的需求，以读者需求作为图书采

---

① 梁灿兴.可获得性论：从图书馆学原理到图书馆原理 [J].图书馆，2003（3）：16-24.

访的依据，充分利用有限的资金，最大限度地挖掘信息资源的潜力。

（4）节省读者的时间。图书馆必须考虑读者的阅读时间和成本，尽量给予读者权限。在现代网络环境下，读者难以从浩如烟海的信息中快速选择自己真正需要的，根据穆尔斯定律："一个情报检索系统，如果对用户来说，他取得情报要比他不取得情报更伤脑筋和麻烦的话，这个系统就不会得到利用。"[①]可见，图书馆在信息收集、处理、加工、存储、提供等一系列工作中，一方面要与读者充分沟通，开发简单易用、界面友好的检索系统；另一方面要大力加强对读者的指导，真正做到让读者用得上、用得好和喜欢用，以便切实提高读者的查询效率，节省宝贵时间。

（5）图书馆是一个生长着的有机体。高中图书馆事业的发展离不开社会生产力的推动，未来将朝着数字图书馆、虚拟图书馆的方向发展。这就要求图书馆人必须站在时代的前沿，以发展的眼光来规划和管理图书馆。在现代社会信息化的进程中，图书馆的信息服务功能将成为其核心任务并处于首要地位，信息服务能力将成为决定图书馆发展潜力甚至生存力的关键因素。

2. 戈曼的图书馆学新五定律

美国学者戈曼在《未来的图书馆：梦想、狂想与现实》一书中以阮冈纳赞的图书馆学五定律为基础，提出了"图书馆学新五定律"[②]：

（1）图书馆服务于人性，将服务定位于人。图书馆作为知识传播机构，其主要社会职能：社会文献信息流的整序、传递文献信息、开发智力资源、进行社会教育、搜集和保存人类文化遗产、满足社会成员文化欣赏、娱乐消遣的需求。即图书馆为人类文化素质的提升、经济的发展、社会的进步

---

① 任志纯，李恩科，李东. 穆尔斯定律及其扩展 [J]. 情报杂志，2002，21（11）：39-40.

② 梁灿兴. 可获得性论：从图书馆学原理到图书馆原理 [J]. 图书馆，2003（3）：16-24.

提供全面服务。

（2）图书馆重视知识传播。在社会信息化进程中，人们对于文献的深层次加工的需求日益迫切，人们到图书馆不仅仅是借阅图书，更是为了获取知识。这就要求图书馆必须深度挖掘馆藏资源，运用各种知识传播方式，方便、快捷地为读者提供服务。

（3）图书馆善用科技以提升服务质量。科技是图书馆发展的根本动力。信息时代人类获取信息的方式发生了重大变化，图书馆应从传统的藏书模式向多功能的综合性、智能性、网络化的新型信息系统靠拢。

（4）图书馆维护知识自由。图书馆服务的基本原则是承担社会责任、维护知识自由。这也是新时期我国图书馆事业的价值追求。

（5）尊重过去，开创未来。图书馆应尊重过去取得的成绩，取其精华继承及发展。

（三）高中图书馆信息服务平台的意义

作为知识传播机构，高中图书馆随着科技和时代的发展不断完善自己的职能和服务方式。信息服务不仅是图书馆的根本，也是图书馆与读者沟通的桥梁。图书馆是社会公益性机构，一方面作为信息资源的存储中心，为读者信息服务提供资源保障；另一方面作为用户获取信息资源的提供机构，通过信息服务来满足用户的信息需求。图书馆通过向读者提供信息服务来实现图书馆文献信息资源的价值增值。

总而言之，高中图书馆构建信息服务平台的根本目的是帮助读者跨越信息交流障碍，发挥信息资源的最佳效能。

二、高中图书馆网络信息服务平台

（一）高中图书馆网络信息服务平台的现状

1. 官方网站建设

高中图书馆网站大多较为简单，主要介绍馆舍概况和检索功能，读者可在网站检索自己需要的图书、了解图书馆近期活动等。

2. 信息发布和检索

高中图书馆的信息发布服务主要包括本馆概况、相关规定、服务项目、服务指南、简讯、通知等动态信息；高中图书馆信息检索服务主要包括馆藏文献资源和数据库资源的检索服务。馆藏文献检索一般是通过联机模式的公共目录查询系统供读者查询。尽管各高中图书馆采用不同的自动化管理系统，但是读者检索时输入的字段大致相同，一般包括文献题目、作者、关键词、索书号等，检索出的馆藏书目信息一般包括内容摘要、馆藏地点和借阅状态，也可进行预约或者续借等。

3. 网络信息导航

网络信息导航是对网上的信息资源进行筛选和优化。高中图书馆网络信息导航一般分为三部分：本馆资源导航、网络资源导航和学科资源导航。读者可以在本馆网站查询到各种信息，以最便捷的方式找到自己所需要的内容。

4. 参考咨询

网络环境下的参考咨询服务是指图书馆馆员以电子邮件、参考咨询网页、FTP 文件传输等方式，对读者在利用文献、寻求知识或信息等方面提供帮助。

5. 网络多媒体

对于带有随书光盘、音频的图书，图书馆建立了多媒体数据库，读者可以在网站检索音频、视频资料，及时获取自己需要的多媒体信息。

（二）图书馆网络信息服务平台的发展趋势

1.网络信息服务方式主动化

在网络环境下，图书馆可以为在网上咨询的读者提供一站式服务，为读者提供周到的服务。读者则可以使用多种方式进行预约、咨询。

2.网络信息服务质量高级化

网络信息服务质量高级化即服务质量要高，由于网络信息具有一定时效性，所以当读者咨询时馆员应检索到最前沿的信息资料；一次性提供读者所需的全部资料，读者无须就同一内容多次咨询；图书馆馆员尽快回复作者的咨询，否则给出的资料可能错过最佳使用时间。

三、高中图书馆个性化信息服务平台

（一）高中图书馆个性化信息服务的特点

1.可定制性

个性化信息定制服务依存于网络环境，定制项目内容主要包括信息内容、检索策略、网页界面等。系统可以灵活地按照用户指定的方式进行服务，最终实现网络服务的个性化，也就是不同用户登录后享有不同的权限，如定制界面风格等。

2.可交互性

图书馆的互动服务能够帮助信息检索能力较差的读者。比如，参考咨询馆员通过电子邮件、社交网站、即时通信软件等途径为读者提供服务，提高了读者获取信息的效率。

3.智能性

智能化是高中图书馆个性化信息服务的必然发展趋势，利用智能技术实现信息导航、智能检索、信息库管理等。例如智能代理技术，可以比较准确地判断出读者的意图，进而有针对性地为读者提供信息；自动探测到信息的变化和更新，进而下载并存储数据，同时将该信息推送给读者；管理读者资料及数据，帮助读者从数据库中存取信息。

（二）高中图书馆个性化信息服务平台建设的意义

高中图书馆个性化信息服务平台的建设具有以下意义：顺应高新技术和通信革命发展潮流。高中图书馆信息服务模式主要是借助计算机和网络通信技术实现信息共享、传递，深化馆际之间的沟通与合作。

满足不同层次读者的个性化信息服务需求。高中图书馆应该发挥其跨时间、跨空间的信息资源服务优势，组建自身网站或者信息数据化系统，满足读者信息需求。

有利于高中图书馆的建设和长远发展。社会信息服务供应商针对市场需求，开发了形式各样的网络信息资源，信息服务朝着特色化和个性化方向发展。高中图书馆应该加强信息服务建设，将读者需求放在首位，才能够提高信息服务质量。加强个性化信息服务资源建设、优化个性化信息服务模式，有利于高中图书馆提高自身竞争力，更好地服务于读者。

（三）高中图书馆个性化信息服务主要策略

1. 积极宣传个性化信息服务理念

高中图书馆在建设个性化信息服务的时候，要加大对其服务理念的宣传，使读者对个性化信息服务有深入了解。部分高中图书馆虽然在信息化服务的硬件建设方面基础打得相当夯实，但是由于读者对此知之甚少，导致项目无法向前推进，失去了最初为读者量身定制个性化服务的意义。高中图书馆在宣传个性化信息服务期间，要向读者说明图书馆为此做出了哪些努力、可以为读者提供哪些个性化信息服务、哪方面的信息服务适合哪部分读者群体等，让个性化信息服务理念深入人心。

2. 整合各种类别的信息资源

高中图书馆不仅要重视纸质文献，更要重视以网络为载体的多媒体动态信息资源，后者通常具有多变性、不稳定性、新颖性等特点，更能满足读者的个性化需求。另外，高中图书馆要积极创办具有自身特色的文献信息数据库资源系统，挖掘特色馆藏信息，为真正开展个性化信息服务提供良好的平台。高中图书馆之间还要加强彼此的联系和沟通，做到馆藏资源互通和信息资源的合理化配置，依靠互联网通信技术，搭建跨时间、跨空间的信息资源服务系统，为读者提供更为便捷、高效、实用的个性化信息服务。

3. 建立智能型个性化信息服务系统

高中图书馆要积极开展馆员培训，完善业务培训机制，提升馆员的综合素质。个性化服务属于特殊服务，具有及时性和互动性等特征，所以对馆员的业务水平和服务意识有比较高的要求。高中图书馆要从实际出发，对专业人才队伍进行专门培训，做好人才队伍的建设，为图书馆信息个性化服务提供保障。

4. 及时处理好个性化信息服务的反馈评价

高中图书馆应建立完善的信息服务评价制度，及时处理读者的反馈信息，实时追踪读者需求的变化，为制订工作计划提供参考。与此同时，图书馆应注意保护读者信息安全，这是图书馆开展个性化服务的前提，只有保护好读者的信息安全才能够更好地、全面地、有针对性地为个人信息服务提供保障。

四、高中图书馆信息服务能力的评价

（一）高中图书馆信息服务能力的界定

高中图书馆信息服务能力是建立在图书馆各类资源基础之上，在服务过程中表现出来的作用力，它是在图书馆信息活动要素的支持下产生的。图书馆利用现有的信息资源做重新整合，借助信息的采集、加工等活动，将基础资源和活动要素进行转变，进而提高满足读者需求的能力，它是高中图书馆的核心竞争能力。

（二）高中图书馆信息服务能力的特点

1. 价值性

高中图书馆的基础资源包括：信息资源、人力资源、物质资源和技术资源。信息作为贯穿服务过程的重要组成，既是服务的原材料又是最终产品。随着高中图书馆信息服务能力的不断提升，信息的价值也随之提升；而图书馆信息服务能力越强，越能为读者提供更多的实际帮助。

2. 渗透性

高中图书馆的硬资源和软资源是高中图书馆信息服务活动基础，当这些资源一起发挥作用后，就会渗透到图书馆的信息服务中。所以，各式各样的信息资源的共同作用直接体现了图书馆的信息服务能力。

3. 隐藏性

能力是隐性的，图书馆资源本身不能直接构成服务能力，只有通过资源整合才能够体现。图书馆信息服务能力依附并潜藏于信息服务活动过程中。

（三）高中图书馆信息服务能力评价过程

1. 准备阶段

准备阶段是评价的第一步，其过程主要包括：选择评价对象；设定评价目标和标准。

2. 实施阶段

选择评价方法。

采集和整理评价信息。评价信息越多，评价结果越精确。

设立评价指标体系。根据信息服务能力的影响因素设立初级评价指标。

计算权重。权重是评价模型的重要组成部分，是衡量评价指标重要与否的直观体现。

3. 处理阶段

信息整合。归纳并分析收集到的信息，在客观的基础上提出问题，有利于提高信息服务能力和质量。

结论总结。对评价过程做出总结。

4. 检验阶段

制定策略。评价不只是为了得到结果，而是要对其过程进行深入揭示，提出改进建议。

评价检验。对高中图书馆信息服务能力评价进行检验。

（四）图书馆信息服务能力评价的主要方法

1. 层次分析法

层次分析法是高中图书馆信息服务能力评价的主要方法，这个方法是对目标对象界定的标准、策略等和决策有关的因素进行拆解，然后运用定性分析方法和定量分析方法进行评价。该方法最早可以追溯到 20 世纪 70

年代，自提出之后就在结构特性复杂的问题上得到广泛运用，虽然它在网络信息资源评价方面是优秀的决策方法，但是也存在一定的缺陷，因为一些需要数据精准度高的问题它是无法适用的，同时，人为主观判断也会对结果产生诸多影响。

2. LibQUAL+TM 评价法

服务质量要根据用户期望和知觉来确定，并且能够衡量出提供服务一方的表现情况。一般认为，服务质量最终的评定就是用户所期望的服务水平与真实感受到服务水平之间的差异。其利用可调节大小的网页，以网络问卷调查的形式对图书馆用户进行对图书馆服务感受的调查，从而掌握用户对图书馆提供服务的评价结果。

第三节　高中图书馆创新服务评价与管理

一、高中图书馆阅读服务评价的必要性

（一）高中图书馆阅读服务评价的必要性

阅读服务是高中图书馆事业的基础。西方图书馆学界时至今日已经提出了许多有价值的理论，包括关于图书馆整体服务质量的评价体系、关于图书馆部分要素的服务评价体系、关于电子资源的评价体系，但是很少见到关于阅读服务的评价研究。国内关于图书馆服务评价的研究除了借鉴西方的研究成果外，也并未对阅读服务加以过多关注。纵观中西方学界有关图书馆评价的研究成果，关于阅读服务评价的研究少之又少，通常零星分布于对图书馆的整体评价之中，没有形成一套针对阅读服务的评价体系。

由于人们对于阅读重要性的认识不断加深与阅读服务评价指标缺失的矛盾，建立高中图书馆阅读服务评价指标体系显得尤为必要。高中图书馆阅读服务评价的必要性主要从两个方面进行论述。

1.高中图书馆角度

服务一直是图书馆的核心内容，高中图书馆阅读服务主要以普及知识和提高文化素养为宗旨，通过举办各种各样的阅读推广活动来开展阅读服务。高中图书馆阅读服务的效果如何，是否真正起到了促进读者阅读的作用，尚没有一个完整的评估体系来进行评价。因此，要建立一个高中图书馆阅读服务评价标准，从读者角度来评价高中图书馆阅读服务效果，总结经验，扬长避短，为其更好地开展阅读服务提供借鉴。

2.读者角度

读者是高中图书馆阅读服务的对象，高中图书馆阅读服务评价是从读者感知角度进行评价的。读者提出的意见与建议有助于高中图书馆改进阅读服务标准。

（二）高中图书馆阅读服务评价的影响因素

要想构建高中图书馆阅读服务质量评价体系，首先要了解各服务环节对整体服务质量产生了怎样的影响，以每个影响因素的重要程度作为参考，来设定高中图书馆阅读服务评价标准。

1.阅读服务资源与环境

阅读服务资源与环境是高中图书馆开展阅读服务的前提和条件。阅读服务资源是指高中图书馆内的纸质信息资源和数字信息资源的总和。阅读服务环境既包括高中图书馆内的阅读设施，也包括馆内的建筑格局、装修风格、光线明暗、通风情况等营造出来的阅读氛围。阅读设施的人性化和阅读氛围的舒适度可以带给读者较好的阅读体验，开馆时间是否充裕、图书排架是否规范、网站界面是否简洁、阅览座位是否符合人体工学设计、阅读空间的装修风格设计是否能够激发读者的阅读兴趣等细节问题都需要引起图书馆的重视。

2.阅读服务人员

阅读服务人员是评价阅读服务的关键因素，是高中图书馆和读者之间的桥梁，也是读者与高中图书馆沟通的纽带。阅读服务人员是否专业，在一定程度上反映了图书馆的阅读服务水平，而阅读服务人员的专业性是由阅读服务人员的学历水平和知识储备两方面构成的。具备图书馆学相关专业学历是一名专业的阅读服务人员的必要条件，在阅读服务的工作中，具有专业知识背景的阅读服务人员可以利用所掌握的专业知识，满足读者的阅读需求，提供更优质的服务。阅读服务人员丰富的知识储备是作为阅读服务人员的充分条件，丰富的知识储备不仅来自书本所学，更大程度上依赖于长期的图书馆工作中积累起来的实践经验。阅读服务人员的工作态度也是非常重要的，亲切友好地接待每一位读者，可以增强读者对图书馆阅读服务的依赖性。

3.阅读服务过程

高中图书馆阅读服务过程主要包括前期策划、准备服务资源、组织服务人员等。在服务过程中，服务活动是否多样、服务内容是否符合读者需求、服务方式是否容易被读者接受、服务环境和设施是否人性化等直接影响服务质量。读者是服务的对象，高中图书馆阅读服务必须以读者为中心，从读者的角度出发，才能取得良好的服务效果。

4.阅读服务管理

高中图书馆阅读服务离不开科学的管理，包括高中图书馆阅读服务的政策体系、服务人员队伍的建设和发展、服务过程的规范等。科学、规范的管理能够提升图书馆阅读服务的实际效果，强化了阅读服务人员的责任感和服务意识。同时，高中图书馆阅读服务的后续管理也十分重要，包括对服务活动的跟踪和对用户信息的反馈活动等。同时，对高中图书馆阅读服务进行评价，及时调整服务策略和人员配置，从制度上确保高中图书馆阅读服务的质量和效率。

二、高中图书馆阅读服务评价标准

（一）高中图书馆阅读服务评价内容

高中图书馆服务质量评价以读者为中心，强调从读者感知的角度来评价高中图书馆服务质量。高中图书馆阅读服务评价主要内容包括：阅读服务资源及环境、阅读服务人员、阅读服务内容、阅读服务质量。

（二）高中图书馆阅读服务评价指标

1.阅读服务资源及环境

（1）阅读资源满足率

阅读资源是图书馆开展阅读服务的基础，图书馆阅读服务的最终目的是满足用户的阅读需求。读者对资源的需求包括传统纸质资源和数字资源两部分。此指标主要评价高中图书馆在纸质资源建设上能否保证纸质资源数量多、学科范围广、阅读资源质量高的特点；在数字资源上，图书馆是否能根据用户个性化需求，在信息类型、阅读格式、时间限制等方面满足用户需求；图书馆是否建立网络阅读导航系统、特色数据库、虚拟阅读交流会等形式促进用户阅读。

（2）阅读设施的人性化

阅读设施是与阅读资源相辅相成的物质资源，阅读设施的好坏直接影响用户对阅读资源的获取。此指标主要评价高中图书馆所拥有的阅读设施是否符合用户的阅读习惯，图书资料排架是否准确，书号是否明了，数字资源检索界面是否友好，电子资源是否便于检索与利用，高中图书馆是否集检索、借阅、休闲于一体，是否适当性地设置学习讨论区、休闲娱乐区和休息区等，充分体现开放性、休闲性和人性化的理念。

（3）阅读氛围的舒适度

阅读氛围包括图书馆建筑设计、室内灯光效果、室内温度、通风情况等是否良好、桌椅板凳的舒适度是否符合用户习惯、图书馆的学习氛围是否浓厚、图书馆的开放时间和馆舍空间是否充裕等方面，这些方面是否可以带动读者营造良好的阅读氛围，虚拟图书馆的界面是否温馨、是否能激发用户的阅读热情，电子资源是否能给用户带来良好的视觉冲击等。

2.阅读服务人员

（1）阅读服务人员的知识储备

阅读服务人员需要具备主动的信息服务意识、较强的信息分析能力和知识的利用能力。此指标主要评价阅读服务人员是否能解决各类读者的问题，是否具有较强的专业知识和其他学科知识与技能，是否会使用各种信息检索工具，是否具有较高的理解沟通能力和问题解决能力。

（2）阅读服务人员的推广水平

阅读服务人员最主要的任务就是对用户进行阅读指导，根据用户的阅读习惯，将图书馆内的相关资源推荐给读者，并正确指导读者阅读。在网络信息资源极为丰富的今天，读者很容易在网络海洋中迷航，难以准确找到自己想要的信息，可能还会受网络不良内容的影响。这个时候阅读服务人员应对用户需求进行缜密分析，准确及时地将信息传送给用户。此指标主要评价阅读服务人员的阅读推广能力，阅读服务人员是否能为读者找书、为书找读者，能否通过自身的"推销"技能让阅读资源被更多人所接受。

3.阅读服务内容

高中图书馆阅读服务应采取多种多样的推广策略来促进阅读。此评价指标主要评价高中图书馆在促进阅读时所采取的活动样式是否丰富多样，是否能真正引起读者的阅读兴趣，是否能真正吸引读者参与活动，活动是否足够新颖、富有创意及能调动读者的阅读热情。

当前，新媒体技术打破了传统媒体在服务时间、服务地点、服务方式、服务内容上的限制。此指标主要评价高中图书馆在阅读服务中是否充分利用了新媒体技术进行阅读推广，新媒体的应用途径和方式是否应和了读者的需求，新媒体技术的应用是否能方便读者的阅读，新媒体技术是否在节省读者时间的同时正确引导了读者的阅读方式和阅读倾向，新媒体的应用能否调动读者的阅读兴趣与激情等。

4.阅读服务质量

（1）阅读服务对读者阅读习惯的影响

读者的阅读习惯除受自身内在驱动力影响外，还受外部环境的影响。高中图书馆开展阅读服务的目的是鼓励读者多读书、爱读书、读好书，只有充分调动读者的阅读意识，使读者热爱阅读，读者的素质才能得到发展。高中图书馆阅读服务活动能够改变读者的阅读习惯，使原有的读者更努力地从事阅读研究，曾经盲目阅读的读者有明确的方向并积极开展阅读。此评价指标主要用来评价高中图书馆在开展阅读服务活动后，读者的数量变化，曾经不经常读书的读者是否开始了积极主动的阅读，读者的阅读时间是否由少变多，读者的阅读内容和范围是否有了扩大，读者的阅读场所和阅读载体的要求是否不再狭隘等。

（2）阅读服务对用户阅读能力的影响

阅读能力具体来说是指读者的阅读目的、阅读情感和阅读理解能力，包括对阅读材料的甄别能力，阅读过程中的信息分析、理解、评价和运用能力。网络时代，读者的阅读形式发生了变化，读者获取信息的途径更加多样，读者的阅读能力显得尤为重要，读者需要具备能够在网络信息资源中快速高效地选择、分析、利用信息的素养。高中图书馆可通过开展阅读推广活动提高读者的阅读意识，通过阅读指导提高读者的阅读理解能力，通过培训讲座提高读者的信息检索获取能力。此评价指标用户评价在高中图书馆开展完阅读推广活动后，读者的阅读能力是否得到了提升，读者对阅读的理解和分析能力、信息推论和整合能力是否有进步，读者是否掌握了更多的信息检索方式和技巧等。

三、高中图书馆服务管理

（一）高中图书馆服务管理内涵

1.服务管理概念

服务管理是指管理者在实际管理活动中运用为人服务理念，合理利用各项资源，最大程度地满足被服务者的需求，最终实现工作目标的管理过程。高中图书馆首先应落实到从"书本位"向"人本位"的转移。

2.服务管理特征

服务管理是管理学上的一个概念，它不局限于人力、财务、资源等管理形式，而是将这些管理方式融为一体，并设定服务目标，从而系统配置资源，达到最佳的管理效果。服务管理是时代的必然要求，曾经的量化管理手段已经满足不了现代社会的发展，只有将服务作为管理的一个要素添加进来，才能更好地协调各项资源，完成既定组织目标。

3.高中图书馆服务管理的意义

有利于高中图书馆事业发展。高中图书馆将服务融入日常管理中，直面读者的真实需求，可以第一时间解决读者的问题。

有利于馆员自我价值的实现。服务管理能够充分调动馆员的工作积极性，激发馆员的创造力。

（二）创新高中图书馆服务管理

1. 创新服务管理观念

高中图书馆必须顺应时代潮流，积极创新观念，才能从长期、持久地发展。图书馆管理工作不再是"人治"或"规则治"，而是从服务出发，领导率先为普通馆员服务，解决馆员在工作与生活中遇到的实际困难，以服务精神带动馆员，激发馆员的服务热情，全馆上下共同营造积极、和谐、为人服务的氛围。

2. 创新服务管理方法

调整高中图书馆管理工作重点。高中图书馆管理者应根据服务管理的时效性、针对性等特点调整工作重点。

增强基层服务管理工作的独立性。当下多部门互相配合解决问题的工作模式已不再有竞争力，基层服务管理应在掌握读者需求的基础上更加具体、有针对性。

构建系统化、常态化、社会化的服务模式，将过去分散的管理系统构建为一个有机整体。

3. 创新服务管理人才

当前高中图书馆仍侧重于馆舍规模、书刊数量、技术设备、信息系统等工作，疏忽了人力资源的开发与维护，导致图书馆服务管理人员流失严重。为改善这种局面，高中图书馆需要大力引进专业人才，从智力、技术层面保障服务管理事业的发展，完善人才招聘制度，使高中图书馆人力资源在专业、经验、年龄等方面达到和谐互补。高中图书馆工作人员必须定期外出考察、进修、培训，提高业务水平。一个学习型、创新型、服务型高中图书馆团队，应建立行之有效的奖惩制度，把工作优劣与个人利益挂钩，在图书馆内部形成竞争机制，馆员不再是图书馆的守卫者，而是信息整合者、提供者、管理者、维护者与协调者。

四、高中图书馆服务质量评估体系

图书馆服务质量即图书馆向读者提供服务过程中的服务行为和服务环境的具体表现，包括图书馆提供的服务内容、馆员的服务行为、图书馆服务环境等方面。高中图书馆服务质量评估体系应具有科学性、导向性、可操作性、通用性和灵活性等特点。

高中图书馆的服务宗旨是"读者第一，服务至上"，所有工作都应围绕读者展开，建立服务评估体系的目的就是要提高读者的满意度。高中图书馆应采取各种方法、从多种渠道获取有关读者感受的反馈信息，再对这些信息进行处理和分析，促进服务质量体系持续改进。

高中图书馆应建立服务承诺机制，提出并兑现本馆的服务承诺，具体应该包括：承诺虚心接受读者对服务的监督；承诺全心全意为读者服务；承诺耐心回答读者的问题；承诺保证充分的开馆时间；承诺及时更新馆藏书籍；承诺礼貌接待读者；承诺保护读者隐私权。如果图书馆没有实现承诺，则读者可以进行投诉。投诉是读者对所接受服务质量的直接反馈。图书馆要建立服务投诉机制，投诉的处理要及时反馈给图书馆的高层领导，作为图书馆决策层对图书馆进行重大改革时的重要参考。

服务质量评估体系建立后，更为重要的是将其落到实处。总体而言，评价方法有两种，即内部评价和外部评价。内部评价即图书馆内部工作人员做出的自上而下或自下而上的评价；外部评价即读者对图书馆做出的评价。相较于内部评价，外部评价更为有效、真实。外部评价可以通过问卷调查、召开座谈会等形式展开。高中图书馆可基于自身情况选择适当的方法进行评价。

第四节　高中图书馆阅读推广与创新服务机制的发展思考

一、高中图书馆阅读推广活动的发展趋势

（一）高中图书馆阅读推广的使命

高中图书馆除了保存人类文化遗产，还要进行社会教育，满足读者的文化欣赏、娱乐消遣和社会阅读需要。高中图书馆的一个重要职责就是引导、培养、指导、促进、发展国民阅读。为此，高中图书馆需要加强多元合作，为读者提供更加完善的阅读服务。高中图书馆改变运作模式，充分发挥自身职能，不仅可以很好地为阅读活动服务，而且也是建设学习型社会、推动社会主义精神文明建设的重要助力。

（二）高中图书馆阅读推广的发展趋势

1. 更新观念，提高社会阅读服务意识

高中图书馆要为社会阅读推广服务，承担推广的责任和义务，推进社会阅读服务方式变革。

2. 服务内容精品化

随着高中图书馆馆藏资源日渐丰富，读者不用再为如何获取信息而苦恼，但如何从浩如烟海的文献资源中迅速找到自己所需要的呢？这就需要图书馆馆员提高服务意识，根据读者阅读需求主动收集信息资料，快、全、

新、精地满足读者的阅读需求。快，是信息传递速度快、提供时间快；全，是图书馆所提供的信息资料内容齐全；新，是指信息资料内容新，紧跟时代发展；精，是指信息内容精湛，实现阅读资料精品化。

3. 开展形式多样的阅读推广活动

随着经济发展和科技水平不断提升，高中图书馆的阅读推广方式已经不只是停留在海报宣传、折页宣传等形式，可以将网络信息技术和阅读推广活动相结合，新技术的应用丰富了阅读推广活动的形式，增强了阅读推广的影响力和号召力。图书馆可以在网站、微信公众平台等多种渠道开展阅读推广活动，使读者即使不走进图书馆也可以了解到图书馆相关阅读动态信息，将传统的宣传信息动态化和立体化，使读者对阅读活动有更为直观的了解。

4. 将阅读推广作为日常工作的核心内容

高中图书馆通常将阅读推广活动与重大节庆活动相结合，以此来提高阅读推广活动的影响力和读者参与度，取得较好的成果。目前，高中图书馆的阅读推广趋向于持续化和日常化，更好地培养了读者的阅读习惯，提升了读者的阅读能力。在日常工作中，高中图书馆要增加阅读推广活动场次，丰富馆内书籍类别，提高阅读服务质量，激发读者的阅读热情。

二、高中图书馆服务的发展趋势

（一）服务流程重组

随着社会环境的变化和服务理念的创新，高中图书馆在实践上也必须推陈出新，进一步加强以读者和服务为中心的业务布局与结构调整，重组服务流程。在这个信息爆炸时代，人们的信息需求更趋向多样化、纵深化、精细化，希望图书馆可以迅速、有效地提供阅读服务。部分高中图书馆打破传统的"以文献为中心"的业务布局和服务流程，面向读者需求，构建以读者为中心的馆外嵌入式服务流程。传统高中图书馆的服务流程基本上都是线性垂直式或纵向式服务，以读者为中心的嵌入式服务流程不是单向的，而是双向的；不是垂直的，而是网状的。其中存在人与人、人与技术、技术与技术之间的丰富交互和无缝集成，在双向交互行为基础上，建立以技术与服务为核心，分工合作、专业化、高效、可持续发展的嵌入式服务模式与机制，实现高中图书馆服务流程的重组，为读者提供更人性化、高质量的信息服务，是高中图书馆服务发展的必然趋势。

（二）开拓创新服务领域

近些年来，伴随着高中图书馆生存和发展遇到的各种挑战、机遇，以及服务对象的扩展和读者需求的变化，国内外学者对高中图书馆的新功能做了广泛探讨，提出了图书馆作为文献信息中心之外还应该是信息知识加工、创新中心，学术、文化交流中心，公民学习、教育中心，应该具备休闲娱乐等功能。所以，很多高中图书馆从内涵和外延两方面扩展丰富了自己的功能和服务。在内涵拓展中，最重要的就是增强高中图书馆的创新功能。在外延拓展方面，主要是扩展提供的服务项目和范围。二者综合起来，既有对高中图书馆物理空间的革新，又有应用新技术开发的新的服务领域。在革新物理空间方面，特别是在新馆建设中，考虑到用户需求的多样性和现代图书馆的新功能，很多高中图书馆增加了不同特色和类型的信息共享空间、特色自修室、休闲娱乐空间、展览空间等；在应用新技术拓展服务领域方面，很多高中图书馆推出了手机图书馆及微博、微信推送等服务，各种信息资源无缝连接，参考咨询服务平台更具交互性、人性化。

（三）提高人员队伍的能力与素质

图书馆馆员的能力与素质是衡量图书馆服务水平的重要因素。随着计算机技术、网络通信技术、云技术等高新技术的快速发展和广泛应用，信息服务的方式和手段不断更新，从根本上改变了高中图书馆传统的服务模式，并对馆员的知识结构和业务能力提出了挑战。图书馆馆员的角色从"信息守护者"向"信息领航员""知识管理者""信息专家"转变，这就要求馆员首先要改变自己的服务理念，树立开拓创新意识，拥有开展高水平、信息化、智能化服务所需要的知识、技能和方法，努力学习新技术、新知识，熟练掌握和应用网络环境下各种服务的手段和方法。高中图书馆也应该充分重视对馆员的培训和关怀。一方面，要加大资金投入，充分利用优越的学习和深造机会，为图书馆馆员创造学习和交流的机会和条件；另一方面，建立并推行图书馆馆员终身教育制度，形成激励机制，营造良好的学习、文化氛围，激发图书馆馆员的学习热情和自身潜能，打造一支能够适应高中图书馆发展需要的信息情报服务队伍，为高中图书馆创新发展提供基础与保障。

三、高中图书馆阅读推广服务的理性思考

（一）调整图书馆的推广理念

阅读推广是高中图书馆在资源和读者之间建立联系的重要手段，可以将其理解为一种新型的服务，即资源推介服务，通过对馆员进行素质教育使馆员具备相应的服务理念。高中图书馆的阅读推广应当融入社会的阅读推广活动中去，而不是自成体系，应当将推广活动的用户范围扩大到社区居民、社会用户，而不仅限于自发去的读者。

（二）建立长效机制

高中图书馆有必要设计详细、系统的阅读推广计划和方案。比如，建立一个在图书馆与读者、读者与读者之间可以开展阅读共享、交流阅读心得体会、探讨阅读活动形式和内容的交流平台，通过多种形式构建起来的交流平台，可以使喜爱阅读的读者找到归属感，感受到阅读的乐趣，变"阅读"为"悦读"，从而激励读者进行更深层次的阅读。通过平台的交流互动也可以使阅读兴趣不高的读者在别人分享"悦读"感受的同时受到熏陶并逐渐提高阅读兴趣，变被动阅读为主动阅读。

努力构建图书馆、读者、合作机构等多方面的评价体系，对阅读推广方案、宣传力度、活动形式等进行总结和评估；积极探索阅读推广在人员、经费、资源等方面的长期规划和设计，对相关参与机构在策划、宣传、评估等方面进行培训和技术支持；将短期的推广活动转变为系统、长期持续的推广活动。

第八章　高中图书馆管理与服务的手段

第一节　督　查

目前，我国图书馆采用的信息管理技术在服务质量方面与发达国家相比还存在差距。为此，图书馆界积极引进西方先进的管理方法，但是如果缺乏相应的管理效果监督检查机制，其作用也会减弱。换言之，图书馆在引进先进管理模式的同时，只有建立一种与之适应的监督检查制度，才能保证这一管理模式的正常运行。鉴于此，高中图书馆在实施质量管理的同时，有必要重视和开展督查工作，以确保图书馆事业持久发展。

一、高中图书馆督查理念

（一）高中图书馆督查工作的含义

所谓督查，是指管理者对当前实际工作是否符合计划进行检查衡量和督促校正，以促成组织目标实现的过程。督查既是对决策的实行情况进行督促和检查，又是对各部门领导和员工工作效果、工作作风进行的督促和检查。督查工作属于政务工作的重要组成部分，党政机关的重点工作能否按时完成需要督查，能否保质保量完成需要督查，能否取得预期效果还需要督查。同理，高中图书馆的质量管理也应采纳督查的方法。

（二）高中图书馆督查工作的重要作用

高中图书馆质量体系中的一项重要内容是"开展质量审核"。它是验证质量活动和相关结果是否符合服务质量方针和质量目标要求的必备工作。质量审核工作的作用在于评价质量管理体系的有效性，以及在质量管理实施后高中图书馆信息产品和信息服务质量的提高程度。通过质量审核，图书馆能及时发现问题，不断改进质量体系。图书馆的督查工作正是质量审核的重要组成部分，它有助于图书馆管理者掌握工作目标的完成情况以及每个成员的工作进度和工作能力，发现和改进工作中存在的问题，从而有效地协调完成共同的工作目标。图书馆开展督查工作，其重要作用体现在以下几方面。

1.确立依据，使图书馆服务质量"有章可循"，即每个人明确自己的职责与权限，明确各个工作岗位的具体工作流程及其质量控制的方法，如每个岗位、每道程序按什么标准、准则完成等，增强图书馆工作人员的工作规范意识、质量意识。

2.发现问题，使图书馆各工作岗位"违章必纠"，即通过督查发现问题、及时解决问题并持续改进服务质量，提高读者满意度。

3.获取结果，使图书馆工作人员考核"有据可依"，即督查所获得的真实、客观的材料，可以作为判断馆员是否符合某岗位或职务职称对其素质和能力要求的依据。同时，也可作为领导对员工进行年度考核、聘用、加薪以及职务职称晋升等人事决策的依据。

二、高中图书馆督查的内容

（一）文献建设督查

文献资源建设是丰富馆藏、优化馆藏的关口。文献建设督查可以根据采访部的岗位任务书，检查采购人员在进行各种文献载体的采购时是否结合本馆的发展规划，制订科学的采访目标，做好采访前的质量管理；是否结合文献来源多渠道的特点，优化文献采访工作流程，做好采访过程的质量管理；是否多渠道地搜集各种反馈信息，做好采访后的质量管理。

（二）文献组织督查

文献组织即编目工作是图书馆的基础工作。编目质量直接影响读者对文献信息的检索和利用，尤其是读者需要在书目数据库检索文献，所以书目数据库的质量就显得特别重要。规范化、标准化的编目数据可为读者提供必要的、准确的检索点，帮助读者快速获得所需的信息资料。因此，文献组织督查的内容可以根据编目部的岗位任务书，检查编目人员在文献编目过程中，是否根据有关国家标准或国际标准以及有关主题、分类标引规则著录文献或标引文献，是否遵守本馆制定的编目细则保质保量完成工作任务等。

（三）文献服务督查

文献服务工作是图书馆全部工作的出发点和归宿。对文献服务质量进行督查，是图书馆改进、完善服务工作和提高服务质量的需要。督查文献服务质量的优劣可以有多个指标，工作人员努力程度的客观表现（服务实绩）和读者满意程度的主观感受是两个不可缺少的指标。具体地说，文献服务督查可以根据读者服务部的岗位任务书，着力督查四个方面：一是满足度，即图书馆提供的文献信息满足用户需求的程度，服务的满足度可以通过文献保障率、用户拒借率、咨询准确率等指标反映出来；二是便利度，即图书馆为用户利用文献提供方便的程度，主要包括服务布局是否合理，标示系统是否完备，导借、咨询的频率和效果等；三是关怀度，即图书馆对用户给予的关心、关切和照顾的程度，具体表现为工作人员在为用户服务过程中的情感投入（是否热情、诚恳、耐心、周到），对用户健康的关注、体贴（卫生、照明等）；四是满意度，即图书馆为用户提供的服务使用户在总体上的满意程度，满意度是对图书馆服务工作的全面评价，是满足度、便利度、关怀度等督查指标的综合体现，因而具有决定性意义。图书馆对员工个体进行督查，可将"德""勤""能""绩"作为主体内容：德：主要督查思想品质、敬业精神、职业道德、工作作风、文明服务态度等表现；勤：主要督查出勤情况；能：主要督查履行本职工作必须掌握的基础理论、专业知识、工作能力和操作技能；绩：主要督查履行岗位职责情况，完成工作任务的数量、质量、效率及成果。

三、高中图书馆督查的实施

（一）制定规则，明确目标

督查工作如果原则不清、目标模糊，督查人员将无法衡量和判断实际工作的运行轨迹，自然也就无法有效地进行督查活动。因此，督查人员在督查前要对督查的原则、目标有深入了解和总体把握，只有这样，才能确保督查工作取得成效。具体地说，督查工作应重点掌握以下三条原则。

1. 领导指办原则

督查工作是领导赋予的职责，是一项领导授权的辅助性工作。对列入督查的事项，一般应由馆长做出批示，才可交督查组进行督查，未经允许，不得擅自开展督查行动。

2.分项负责原则

督查工作可以"分解立项"，即确定各项督查内容、完成时间、责任人。做到任务量化、责任明确、要求具体并具有可操作性。如"馆规馆纪的遵守情况"可由办公室被抽的督查人员负责；"工作任务的完成情况"可由各业务部被抽的督查人员负责；从事过采购的同志检查采购岗位；从事过技术的同志检查技术岗位等。这样，根据督查组成员的不同知识背景和专业特长进行分项督查，使督查工作对口负责，相互协调，共同完成。

3.实事求是原则

督查工作是一项组织行为，必须坚持实事求是的原则。督查人员如果不公正，督查结果就不真实。因此督查人员要以事实为依据，把真实性、准确性作为衡量督查质量的标准。督查干部是代表馆领导对岗位任务的落实情况和质量进行督促和检查，因此既要具备认真、负责、耐心、细致的工作态度，又要严格遵守督查职责，深入实际、了解情况、真实客观、秉公直言、敢讲真话、喜忧兼报，以保证督查工作的科学性、公正性、高效性。质量是图书馆争取用户的关键，也是图书馆参与社会竞争的基础。因此，督查工作应始终以"改进服务、提高质量"为目标。只有这样，才能使督查工作以质量求生存、以质量求发展。

（二）组建机构，配备人员

督查工作是一项长期、艰巨的任务，需要得到图书馆管理者的重视和支持。图书馆必须在馆长领导下设立专门督查机构——督查组，负责督查标准的制定和实施。在督查人员配备上，要从实际出发，可以采取兼职为主、专兼结合的方式。按照"务实、高效"的要求，选派政治素质好、工作作风实、组织协调能力强、业务水平高的同志兼任督查工作。督查是一项综合能力较高的工作，所以，督查组组长可以由资深的中层领导担任，组员可由从各部室抽调馆员以上职称的业务骨干组成，充分发挥督查人员的能力优势、技术优势。为了利于民主决策和意见统一，人员一般以单数为宜。

（三）规范运行，力求成效

督查工作既不能心血来潮，更不能半途而废。要形成"议而决、决而行、行必果"的督查工作运行机制，使督查体系规范化、制度化。

1.确立督查依据

图书馆的岗位任务和操作标准是督查工作的重要依据，它包括各岗位人员定量或定性的工作任务、职责标准。督查标准的制定一定要细，可操作性要强。如采编部新书到馆后多长时间必须进入流通，流通部实行开架借阅图书的比例，参考咨询部受理并解答读者咨询的时限等。按照工作程序及规章制度考虑所有职能及服务要素，对馆员的专业服务内涵与对用户的服务责任以及馆员的基本行为，做出原则性规定，保证督查有章可循。高中图书馆内部管理工作过程中，后一个流程（下一道工序）可视为前一个流程（上一道工序）的"用户"。例如，根据"采访""分编""流通"三个流程的排列次序，对采访部门来说，分编部门就是它的"用户"，对分编部门来说，流通部门又是它的"用户"，这样，图书馆每个部门每个人都有自己工作的用户。一线岗位的用户是读者，二线岗位的用户是馆员。实践证明，后一流程最了解前一流程的工作质量。因此，这个"用户"最有发言权，将它的满意度作为补充前一流程（岗位）的督查依据，更有说服力。

2.选择督查方法

选择方法是做好督查工作、提高督查效率的关键。方法得当，事半功倍；方法不妥，劳而无功。高中图书馆要根据不同的督查内容选择定期或不定期、不同方式的督查方法。

（1）设置周期：督查一般以"半月、月、半年、年"四种周期为宜。有些项目的督查周期不宜过长，过长不利于及时发现并纠正工作中的差距，导致督查功能减弱、馆员重视程度降低。对安全卫生、书库管理等应每半月进行一次督查。有些项目的督查周期不宜过短，过短会给馆员造成压力，从而产生厌倦和对抗的心理。对馆员工作业绩及业务技能的督查，宜半年进行一次。开展问卷调查和馆员互查可每年进行一次。

（2）选择方式：要着眼于改进督查方式、创新督查方法、丰富督查手段。在综合运用实地督查、抽样督查、跟踪督查、催报督查等方法的基础上，更多地开展暗访督查、回访督查和督查调研。可采用随机询问、检查日志等方式，如督查馆员的服务态度可以看其是否"百问不厌"，督查馆员的服务质量可以看其是否"百问不倒"等；可运用传统的图书馆统计学知识，对具体工作进行督查，如对信息产品的质量检查，可以通过对机读数据库的被检次数、各专业文献的采购数量和实际使用量等数据的统计来进行。对于用户感知的服务质量，可以采用问卷调查的方式了解用户的满意度，即分析和掌握用户与图书馆的所有接触点，并针对每一接触点来提出问题，尤其是用户认为最重要的问题，如对本馆服务的满意度、对本馆的文献和信息资源的满意度、对本馆的数字资源服务的满意度等。先设计用户满意度测定计划，再开展对用户的调查、统计和分析，据此掌握用户对服务满意与否的所有要素。有些业务工作具有较大的伸缩性，脑力型工作如分编、参考咨询、二次文献的编撰、专题服务、定题服务和跟踪服务等，其工作情况仅凭数量是无法反映出来的，重在质量和效益方面。所以，对这些岗位的督查不宜纯粹用数字（定量）说明问题，而应把定量分析和定性评价有机地结合起来。随着现代信息技术不断发展，图书馆的督查工作还应由"注重文献传递数量"向"重视信息能力培养"方面转变，由"重视文献借阅"向"注重知识信息"转移。只有这样，才能保证督查的完整性和系统性。

3. 督查程序

严格的工作程序、规范的运行机制，是提高督查工作效率的根本保证。督查工作的基本程序是立、办、结三个阶段。"立"在督查前：要根据各部、室的岗位任务提出督查建议，协助领导设计督查预案，对整个督查工作进行全面部署；"办"在督查中：要安排和组织好各项督查活动；"结"在督查后：要搞好综合分析、研究并为修正和完善服务质量提出意见和建议。只有严格遵守督查程序，才能使督查工作规范有序。

4. 督查实效

督查的目的是不断发现问题并解决问题。解决问题的多少便是取得实效的大小。因此，督查人员要把抓落实、重实效作为督查工作的出发点和落脚点。在督促检查工作中，要始终讲效率、重效果。不管大事小事，一经安排布置，就要"事事抓具体""桩桩有着落""件件有结果"。得到督查结果后，首先应结合馆员工作的实际情况进行全面和细致的分析，如对用户的投诉及意见、对用户满意度的调查结果等先核实，再归纳，后通报，最后形成一套消除错误体系，要求不合格部门和个人提出整改措施。有督查就应有反馈，有反馈才能达到改进的目的。因此，应建立督查反馈系统，跟踪验证整改结果，使督查工作真实有效。管理之要，重在落实；落实之法，在于督查。作为一项管理，督查是提高图书馆服务质量的关键，其作用不可低估；作为一种方法，督查已经纳入质量管理的轨道，必须与时俱进。只要结合图书馆工作实际，根据新形势、新任务的要求，认真探索和总结督查工作的内在规律，就一定能更加务实高效地做好督查工作。

第二节 自 查

一、高中图书馆自查理念

自查是检查、督查的一种形式，三者的作用都是进行质量检查、衡量和督促校正，促成目标实现的过程。自查更强调把被动接受变为主动去做，来自主观意识、内心因素，是促成自己把握工作过程发展、及时调整、解决和预防执行过程中与目标偏差的问题，增强自我完善和持续改进的一种检查。质量自查的意义在于：一是图书馆在推行 ISO 9001 质量管理体系过程中，从管理创新入手，摒弃传统的静态服务理念，导入全新的质量管理体系，只有建立一种与之相适应的自查控制系统，才能保证这一管理模式的正常运行；二是图书馆服务工作能否按时完成，能否保质保量完成，能否取得预期效果，这些都需要自查。

二、高中图书馆自查内容

（一）文献建设

自查文献资源建设是丰富、优化馆藏的关口。图书馆文献采访直接影响馆藏数量与质量，以及读者需求的满意度等。采访岗位职责的自查是文献建设的基础和核心要素。如图书馆成立"图书采购工作委员会"，吸纳学校领导、专家参与文献采访，有助于采访员的自查，便于在进行各种文献载体的采购时结合本馆的发展规划、精品课程的需要，明确采访目标，做好采访前的质量管理。这样做能更有效地结合文献来源多渠道的特点，优化文献采访工作流程，多渠道地搜集各种反馈信息，从而做好采访过程的质量管理和采访后的质量管理。

（二）文献服务

自查文献服务工作是图书馆全部工作的出发点和归宿，藏书质量的标准是图书馆开展服务所凭借的知识内容及其表面形式，图书馆服务质量的高低是最直接也是最重要的因素。因此，文献服务的自查，是为了更好地满足读者的需求。

对藏书质量标准应进行以下控制：一是根据图书馆的性质、方针任务和用户对象确定藏书补充原则、收藏范围、重点和采购标准，向采访部提出图书馆藏书建设的规则；二是藏书的规划必须根据读者、时间的变化进行必要的修改和调整；三是不断对藏书进行剔除、转移和补充。硬指标的自查是前提，软指标的自查不可忽视。如工作人员的工作态度和读者满意度是两个不可缺少的指标。

具体地说，文献服务自查可以着力查四个方面：一是满足度，即图书馆提供的文献信息满足用户需求的程度，服务的满足度可以通过文献保障率、用户拒借率、咨询准确率等指标反映出来；二是便利度，即图书馆为用户利用文献提供方便的程度，主要包括服务布局是否合理，标示系统是否完备，导借、咨询的频率和效果等；三是关怀度，即图书馆对用户给予的关心、关切和照顾的程度，具体表现为工作人员在为用户服务过程中的情感投入（是否热情、诚恳、耐心、周到等），对用户健康的关注、体贴（包括卫生、照明等）；四是满意度，即图书馆为用户提供的服务使用户在总体上的满意度，满意度是对图书馆服务工作的全面评价，是满足度、便利度、关怀度自查指标的综合体现，因而具有决定性意义。

三、高中图书馆自查特点

（一）全员参加自查

图书馆每个职工都要接受自查并落实到实际行动上。自查把图书馆每一个人、每一个环节都联系在一起，将全馆各部门、各服务窗口、各工作流程贯穿起来，一环扣一环，环环相连，每个部门、每个岗位、每个程序都要有明确的质量要求和相应的责任。自查是让每个职工意识到自己在质量管理体系中扮演的重要角色，以主人翁的态度解决工作当中出现的各种问题。

（二）自查是一种过程

岗位质量自查与最终质量检验相比，更强调过程控制，这样做的好处是能够消除每一个环节中的不合理因素，确保产品的质量。图书馆许多业务工作具有较大的伸缩性，如制度的约束、工作表现、劳动态度、社会效益、团结协作精神等，仅凭数量或结果无法反映出质量的好坏。重结果轻过程，只会造成质量不合格，以及极大的浪费。若将评估指标分为一个个环节，对各环节实施制度进行定性分析，则不仅重视结果，而且更重视对过程的控制。自查是警示馆员要反思，在某环节时是否这样做，如何做到位。例如，图书馆汇文系统回溯书目数据库的建立和质量控制，其中最主要的是汇文数据库中数据本身的质量，而数据质量主要取决于基础业务的质量、前期预处理的质量和数据录入建库的质量。为保证数据库质量，馆员在整个过程（前期预处理或数据录入）都必须处于正常工作—进行自查—再工作—再自查的高度紧张的受控状态，这样才能建成一个高质量的汇文系统数据库。自查重视每一个环节，能对每一个环节进行控制，消除各环节的不合理因素。发现问题及时纠正，才能保证图书馆拿出高质量的信息产品和服务来满足读者的需求。

（三）有利于记录工作中的数据或问题

随时记录、进行自查能发现新数据、新问题，确保数据的准确性。图书馆工作具有较强的协作性，如馆藏文献的分编、加工、借阅、流通等，是由多人共同完成的，如不做好各个环节的自查和记录，正确或错误的数据就无法反映出来。在图书馆信息服务质量测评中，数据普遍都是模糊的，文献信息服务质量主要通过图书流通率、拒借率等指标来反映，信息检索服务质量主要通过查全率、查准率等指标来反映。这些测评数据源自平常记录，记录是否准确又与检查有关系。尤其是发生拒借的原因是什么，是数据库的质量问题、服务窗口的态度问题，还是藏书建设的结构设置问题。缺少记录使许多数据就不清楚，职责界限不明。而查全率和查准率的问题：查全率只是反映检索服务数量，但不反映检索服务质量；查准率反应信息检索的质量，但查准率是要用数据来衡量的。因此，要用比较、分析、筛选等方法记录文献查准数据，这期间就充分显示自我检查和控制的能力。图书馆每项工作都要有记录，自我检查为记录提供了准确的结果，又促使记录必须进行。数据是质量管理的基础，也是处理质量问题的依据，无记录就是无数据，无自查就是无质量。数据可准确反映馆员业绩及工作成效，也是馆员个人价值的体现。只有把图书馆各工作环节都列入考核监控点，才能确保质量管理有据可查。

四、高中图书馆自查的检查和考评

自查的检查和考评也是质量管理馆员岗位自查的重要环节，一方面可以及时发现馆员自查不力的行为，督促馆员认真自查；另一方面能迅速发现自查的缺陷和不足，从而及时采取有效措施加以弥补。

（一）督导组检查

督导的定位是控制自查的执行过程，以及规章制度的执行情况等，确保各项服务质量和服务过程控制到位。督导组对自查执行情况进行检查落实，发现问题并及时反馈，针对相关问题督促自查措施的修订。

（二）馆长抽查

馆长要亲自检查，掌握自查执行过程中的实际情况。在检查过程中，及时与馆员就标准执行情况、潜在问题、解决措施等方面进行沟通。在向馆员反馈考评结果之前，应事先与馆员讨论存在的问题，谋求相应的对策。

（三）馆员互查

开展互查是为了互助，让馆员在比较中找差距、定措施，进行比、学、赶、帮、超。开展互查、互评、互助的目的是找准问题，拿出措施，帮助改进，明确今后的自查方向。

（四）总结评价

组织专题会议，总结通报标准执行情况及存在的问题。自查作为一种管理模式，是提高图书馆服务质量的关键，其作用不可低估。自查可有效提升图书馆的服务质量，弥补现有管理方法在质量控制方面的不足。但是，图书馆管理也不应拘泥于某一种方法，更不能按照某一种管理理论机械地去实施管理行为，要有长远眼光，从各方面加强质量管理，以促进图书馆质量管理水平的提高。

第三节 激 励

激励是激发人的动机，加强人的意志，使人产生一种内在的精神动力，朝着所期望的目标前进的心理活动。激励是管理功能不可缺少的部分，也是提高管理水平的有效手段与方法。现代管理科学尤其强调一切管理应以调动人的积极性、做好人的工作为根本。对高中图书馆来说，建立科学的激励机制，为馆员创造良好的工作与生活环境，减少人才的流失，挖掘职工工作的潜能，进而提高工作效率、服务质量和服务水平，具有极其重要的意义。

一、激励的理念

（一）激励的含义

激励主要包含两层含义：其一是归化约束的含义，其二是鼓励激发的含义，用利益来驱使和引导。激励是指通过良好的工作环境和合理的奖酬形式，通过一定的奖惩措施和行为规范，来归化、保持、引导和激发成员的活动行为，调动成员的积极性和主动性，促使成员逐渐实现个人和组织的目标。

（二）激励的方式

1. 物质激励

物质激励主要表现在以福利、奖金、工资等物质形式满足成员的需求，引导个体成员的行为活动，激发组织成员去完成绩效目标，做出自己最好的成绩。

2. 精神激励

精神激励是一种重要的激励方式，通过授予个体成员某种评价符号，精神激励的主要方式包括理解、尊重、信任、关怀、荣誉、表彰、表扬等。在很多情况下，精神激励和物质激励可以互补，精神激励和物质激励两者的有效结合会大大增强激励效果。

（三）激励的意义

激励是指人的动机系统被激发后，处于一种活跃的状态，从而对人的行为产生强大的驱力，促使人们向希望和目标迸发。人的动机被激发得越强烈，激励的程度就越高，工作绩效也就越突出。目前，绝大部分馆员能认真履行图书馆馆员职业道德规范，在自己的岗位上积极奉献。但也有少部分馆员不能充分发挥作用，他们或是安于现状、不思进取，缺乏对新技术、新知识的学习和利用意识，以致综合素质较低、工作效率低下，或是缺乏全心全意为读者服务的奉献精神，表现为责任心不强、工作作风散漫、在岗不敬业。造成这种状况的原因之一，是缺乏有效的激励，"不激励不行"已经成为一种管理趋势。图书馆要想服务好读者，就要把激励馆员放在第一位，只有这样，馆员才能把读者视为优先，只有馆员意识到自己被珍视时，他们才会更好地为读者服务。

（四）激励的策略

1.目标激励

人的思维和行为都具有一定的目的性，设立一个适当而又具体的目标，就可以有效地激发人们的动机，鼓舞和激励人们采取积极的方法去努力奋斗。著名心理学家和行为科学家维克托·弗鲁姆提出了期望理论模式，这是一种通过考察人们的努力行为与其所获得的最终奖酬之间的因果关系，以此来说明激励过程并以选择合适的行为达到最终的奖酬目标的理论。确定目标的关键如下：

目标必须具有适当的高度。这个适当的高度就是馆员既需付出一定的努力，又在努力后确实能够达到这一高度。

目标必须结合图书馆各项工作实际。如果图书馆制定的目标脱离实际，则这个目标就算意义再重大，影响再深远，那也没有什么激励性。

目标必须融合个人目标。由于每位馆员的专业技术、人生态度、兴趣爱好等各不相同，因此每个人所追求的价值也有所差别，只有承认馆员个人目标的合理性，并将其与图书馆的目标相统一，才能成为推动图书馆目标实现的强大力量。

2.发展激励

图书馆之间的竞争已经不再是藏书数量和建筑规模之间的竞争，而是人才的竞争和思想观念的竞争。高素质专业人才是图书馆生存的资本，图书馆要善于利用馆员对工作的热爱，并且适时地给予晋升和培训，以激发馆员的潜力。首先，给年轻人一个担当重任的机会。对于真正有才华的专业人才，应该适时晋升并委以重任，让他们独当一面，并促使其成功。其次，注重培训。人才的老化将直接导致图书馆本身的老化，以致使各项工作陷入困境，因而失去竞争力。图书馆事业要发展，必须重视馆员综合素质的提高，对馆员进行分层次、有重点的教育和培训。

3. 奖励激励

奖励作为一种正强化的激励手段，往往比批评等负强化激励更能达到调动馆员积极性的目的。奖励分为物质奖励和精神奖励，只有掌握好两者之间的协调关系，才能发挥好奖励的强化作用。对取得良好工作业绩的、有良好工作态度的、善于研究的、取得一定成果的馆员，要给予荣誉和物质奖励，要求奖罚分明，有章可循。

首先，奖励程度与实际业绩要相称。在奖励过程中，要确实根据馆员贡献的大小给予奖励，不搞平均主义，既不夸大，也不缩小，通过科学的绩效考核和贡献评价指标体系、严格的考评制度、正确的考评方法，以确定馆员贡献量的真实情况，然后在根据实际情况定出奖励措施。

其次，要满足馆员的精神需要。现代管理心理学认为，奖励效果的提高，并不完全取决于物质条件，它只是作为一种手段，而并非目的，不要忽视精神奖励的魅力，精神需要的满足比物质需要的满足更能产生持久的动力，应力求两者的协调平衡。当物质收入达到一定水平时，奖励的刺激就日益减少，而成就感、责任心等精神需要越是得到满足就越能激发工作的热情。被奖励者既在经济上得到实惠，又受到关怀、鼓励，得到精神上的满足，以达到激励的目的。

4. 竞争激励

心理学实验表明，竞争可以增加50%或更多的创造力，因为每个人都有上进心、自尊心。竞争是激励馆员上进心的有效手段，自然也是激励馆员的最佳手段之一。图书馆一定要采取适当措施引导良性竞争，防止恶性竞争的出现。

一是创建正确完善的业绩评估体系，以实际业绩来评价馆员的能力，评价的标准要客观，少用主观臆断。

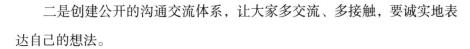

二是创建公开的沟通交流体系，让大家多交流、多接触，要诚实地表达自己的想法。

三是不鼓励馆员搞"小动作"，不要听信"小报告"，坚信"兼听则明，偏信则暗"的原则。

四是严惩那些为了谋一己之利，用各种手段攻击同事，破坏正常工作秩序的人员。

除此之外，还可以采取诸如尊重激励、信任激励、宽容激励、分享激励等体现人文关怀的激励策略。每一位馆员都有自我激励的本能，他们都希望自己的能力得以施展，希望得到认可，希望自己的工作富有意义。激励是一把双刃剑，如果运用不当，就会严重打击馆员的积极性。所以，图书馆要善于利用馆员的自我激励本能，发掘真正的激励因素，彻底减少负激励因素。

阻碍自我激励的因素主要有：期望馆员样样都行，十全十美；不鼓励有创意的思考；当工作进展顺利时，却节外生枝；强调计划、组织等方面的配合会形成绩效，却忽略了人的重要性。

二、高中图书馆馆员需要状况的分析

需要是人们对客观的某种目标的渴求或欲望在人们头脑中的反映，需要是调动人的积极性的基础。人们的需要是多层次多方面的，不同行业，不同工作环境，人们的需要各有差异。我们只有从人的需要出发，从满足图书馆职工的需求和愿望等出发，充分调动人的积极性，有针对性地采取科学的激励手段，才能真正做到有效的激励。图书馆馆员有几方面基本需要。

（一）物质利益需要

物质是基础，对物质利益的追求，依然是职工群众的最基本要求。每个职工都希望通过自己辛勤的劳动，取得相应的报酬和奖励，使自身的物质生活条件得到更大的改善。与一些效益好的行业相比，图书馆职工的工资收入、福利待遇较差，在这种情况下，物质利益是职工主要的需求。

（二）良好的工作条件与环境需要

随着信息社会的到来，图书馆越来越能发挥自身的重要作用。图书馆网络信息资源的开发与利用，现代化设备的完善和应用，使图书馆的工作内容、服务手段不断增加，职工都希望在这样一个良好的环境下，提升图书馆整体服务水平，体现经济效益和社会效益，使自身的工作得到社会的认可和公正的评价。

（三）建立良好的人际关系的需要

图书馆作为一个对外服务的窗口，需要建立一个奋发向上、良性发展的人际关系环境。职工之间都希望有一个相互信任、相互关心、相互尊重的工作氛围，使人心情舒畅、工作协调。

（四）尊重的需要

图书馆是为广大读者索取知识与信息的重要场所，有大量具体和烦琐的服务工作。与科研人员取得科技成果相比，它的工作成绩不易显现。因此，图书馆馆员希望提高自身的社会地位，得到同事、领导、读者及社会应有的尊重。尊重的需要一旦成为推动力，将具有持久的工作热情。

（五）精神需要

职工除了有物质的需要以外，还有精神的需要。积极向上的文化氛围会给职工带来精神上的满足感。例如，经常开展生动活泼、健康有益的集体活动；对职工进行合理、及时的奖励和表扬；为职工参与管理提供尽可能多的机会和条件；为职工提供技能培训等。这些都能增进部门、职工之间相互了解，增进图书馆内部的凝聚力。满足职工的精神需要，就会产生强大的工作动力。

（六）成就需要

职工都期望自己比别人取得更好的工作成就而获得更大的满足，正是这样一种期望，使得职工总想取得更好的工作成就即事业有所发展，有更多的研究成果，实现自己的理想与抱负，得到社会和单位的承认。

三、高中图书馆实施激励机制的原则

（一）公平性

高中图书馆的激励机制必须公平，根据图书馆管理工作实际，适当地肯定和评价馆员的工作绩效。是否公平，直接影响激励效果，只有公平的激励机制才能真正起到激励的作用。激励机制不能搞平均主义，要确保公平合理，必须全面考察个体成员的管理能力、读者评价、学术成果、继续教育、工作任务等，通过领导考核、民主测评、馆员自评等方式来选择激励对象。因此，高中图书馆应建立公平的绩效考核评价体系，量化图书馆工作细节，多层次、全方位地量化考核目标，综合考察工作人员；增加图书馆激励机制的透明度，领导对于激励对象的考核意见，馆员的民主测评和激励对象工作绩效都要进行公示，接受群众监督。最重要的是，取得相同工作绩效的馆员必须受到相同的激励待遇，如果馆员待遇存在不公平的问题，会严重影响工作人员的工作情绪和工作效率，影响激励机制的作用和效果。

（二）适度性

高中图书馆的激励机制必须适度，通过奖励得当的激励机制，更好地调动图书馆馆员的工作热情。如果激励过重，容易使图书馆工作人员产生自我满足和骄傲的情绪，丧失继续努力和提高的动力；如果激励过轻，会影响图书馆的激励效果，使图书馆工作人员失去为之奋斗的动力，产生不受重视、不被认同的想法。部分高中图书馆受自身条件限制，对于馆员的激励多属于精神激励，所以馆员更应具备良好的职业道德，尽职尽责地完成图书馆管理工作。随着图书馆的社会地位不断提高，图书馆工作者在社会认可、承担责任、发展前途、工作成就等精神层面得到了较大的满足，很多时候精神激励比物质激励更加能发挥作用，可以使图书馆工作人员保持持久稳定的工作态度。

（三）实效性

高中图书馆的激励机制应取得实效，实效性主要包括两层含义：一是通过科学合理的激励机制，实现最大的激励效果；二是通过良好的激励模式，获得实实在在的激励效果。例如，图书馆可以通过双向选岗和竞争上岗的方式选拔优秀的馆员，通过公平合理的用人激励机制，打破图书馆中论资排辈的选拔格局，综合考核图书馆馆员的工作绩效、职业道德、才干和特长，以此选用人才，形成良好的图书馆人才竞争激励机制。对于工作出色的图书馆管理人员会起到较好的激励作用，激励优秀人才不断提高自己，发挥更大的潜力，做出更好的成绩；对于消极怠工的图书馆管理人员会有一定警示作用，激励他们快速完善自我，改变工作态度，积极地投入工作中，树立爱岗敬业的职业形象。优胜劣汰、任人唯贤的用人激励机制，可以推动图书馆馆员快速发展，使馆员充分认识和理解激励机制的公平性，促使他们不断努力，发挥自己的潜能。

四、高中图书馆实施激励机制的作用

（一）加快图书馆现代化建设

高中图书馆要想在信息社会中获得发展，实现社会价值，既要有现代化的物资设备，又要有先进的办馆思想和科学的管理方法。而要做到这些，人是关键的因素。因为人才是事业兴旺之本。激励机制正是着眼于调动人的积极性和创造性，充分激发人的内在潜能，最大限度地调动职工工作的热情和创造力，提高工作效率。

（二）稳定图书馆人才队伍

一直以来，图书馆人才流失的情况都比较严重，主要原因就是职工的工资福利待遇较低、内部缺乏激励机制、管理思想落后、责权不明晰。不公平的激励制度使人才的价值难以体现，积极性和创造性得不到发挥。只有建立科学有效的激励机制，充分发掘人的潜力，创造宽松、和谐、民主的工作环境，实现职工的自我价值，增强职工对图书馆事业的责任感、使命感和归属感，才能减少人才的流失。

（三）推动图书馆改革与发展

随着体制的改革与深化，图书馆原有的管理模式已不能适应新形势的需要，图书馆要更好地生存与发展，就必须对传统的管理理念和方式方法进行扬弃和取舍。建立一套新型的管理运行机制，以适应社会发展的需要。如建立科学合理的人才流动机制，对人员聘用、开发、晋升、考核等进行科学管理，制定科学公平的考评考核方法等，把管理的重点放在对人的能力的开发、积极性的调动、创造性的激发上。使职工参与管理、追求自我发展、实现自我价值的愿望不断增强。高中图书馆的管理要着眼于职工的需求，引入激励机制，激发职工的工作积极性，启发、鼓励、引导他们自觉、主动地从事图书馆业务工作，推动图书馆事业的发展。

五、高中图书馆实施激励机制的手段

激励手段多种多样，在实际工作中要充分考虑人的需求层次和需求结构，在满足人的正当、合理需求的基础上制定激励措施。图书馆常用的激励手段如下：

（一）理想与信念激励

在市场经济条件下，使得利益多元化，行业之间、单位之间收入拉开了差距。目前图书馆工作人员普遍收入不高，工作辛苦、繁重，缺乏吸引力。这就要求馆员要有正确的生活和工作目标，通过完成岗位职责和取得优异的业绩获得理想的报酬。

（二）管理者形象的激励

图书馆管理者的工作作风、知识水平和管理能力等对职工有着潜移默化的影响。因此，领导者必须严于律己，要求职工做到的自己要首先做到，从而形成一种无形的、巨大的感召力，带领职工为完成目标而共同努力奋斗。

（三）榜样激励

榜样是人们行为的一个标准，是人们在前进中的一面旗帜，能给人以鼓舞和教育。先进人物对职工起到巨大的激励作用，要善于发现、实事求是地宣传各类先进人物的事迹，使职工学有榜样、赶有目标，效仿榜样的敬业精神、工作态度和业务能力等，激励职工奋发向上的精神，启迪人的思想，形成巨大的推动力。

（四）感情激励

通过各种形式和渠道，增强领导者与职工之间的感情沟通，创造一个团结、融洽的工作环境。领导者要经常听取职工对图书馆发展的意见和建议，关心、帮助他们解决困难。当职工的工作受到领导和同事的肯定、尊重、关心和支持时，内心就会产生一种积极向上、继续前进的力量，增强他们的责任感和集体荣誉感。

（五）荣誉激励

荣誉是一种公众的评价，是满足人们尊重需要、自我实现需要的手段。对工作中做出突出贡献的职工，在竞争中取得优异成绩的集体和个人，给予必要的精神奖励和物质奖励，使之产生荣誉感、成就感和自我实现的愉悦感，激发他们的工作热情。

（六）参与激励

让职工参与图书馆规划、重大问题的决策和管理，对领导实行监督，这是一种重要的激励方式。针对不同情况采取相应的激励方法，把激励手段和目的结合起来，建立适合高中图书馆馆员需求的激励机制，才能取得最佳激励效果。

六、高中图书馆激励机制的运行模式

（一）制订科学合理的工作目标

科学合理的工作目标本身就具有良好的激励作用，可以衡量一个人的工作绩效、引导一个人的行为活动。高中图书馆实施激励机制的前提是制定科学合理的工作目标，使馆员了解图书馆工作的主要内容和重要意义。图书馆工作目标的制定应注意以下方面：要将整体目标分解成日常具体工作目标，短期目标和长期目标相结合；工作目标要难度适中，难度过大的工作目标或不可能完成的工作目标会使馆员不知所措，丧失完成工作目标的信心，产生强烈的失败感和挫折感，难度太低的工作目标会使馆员丧失工作积极性和主动性。图书馆只有制订科学合理的工作目标，让馆员积极主动地完成工作目标，才能真正发挥激励机制的作用。

（二）实施差异化激励手段

不同的图书馆馆员，其行为、需求和动机是不同的，因此激励机制对其产生的效果会有很大差异。例如，有些馆员更加关注实现自我价值，希望获得精神层面的激励，达到精神满足。因此，图书馆要结合馆员实际需求实施差异化的激励手段。对于看重个人发展的馆员，图书馆可以提供相应的锻炼和培训机会；对于重视精神层面的馆员，可以给予表彰、赞赏等精神激励；对于从事图书馆典藏管理和借阅管理的一线工作人员，由于工作职责需要具有优质的服务态度，可以通过评选图书馆服务标兵和提供外出学习参观机会等方式进行激励；对于图书馆的专业技术馆员，考虑到图书馆管理技术要求较高的特点，可以为技术型馆员提供更广阔的成长空间和发展机会，通过参加学习会议、继续教育等方式，激励馆员不断进步。

（三）物质与精神激励相结合

图书馆管理要将物质激励和精神激励结合起来。物质激励是通过福利、奖金、报酬等方式来调动馆员工作的积极性和主动性的激励方法。人们的生活离不开经济利益，经济利益影响着人们的行为活动，因此物质激励是图书馆管理激励机制的重要基础。精神激励也是一种重要的激励方式，甚至比物质激励更加能够调动馆员的工作热情。领导的表彰、表扬和赞赏，都是对馆员工作的肯定。尊重馆员的工作成果，满足馆员精神层面的需求，往往能够取得较好的激励效果。

（四）构建持续的激励机制

图书馆要构建持续的激励机制，就要定期开展馆员的培训和教育活动，不断充实图书馆人才队伍，提高图书馆馆员的工作技巧和工作能力，为每一个馆员创造公平竞争的机会，提供更大的发展空间，帮助馆员实现自身价值。图书馆可以为馆员提供继续教育的机会，输送优秀馆员到高校进修，学习更先进的图书馆管理知识，提高自身专业能力，或者通过图书馆的在职培训，学习相应的专业知识。

第九章　高中图书馆管理与服务的策略

第一节　高中图书馆知识管理与人本管理

一、知识管理

知识管理是适应知识经济的全新的管理模式。知识管理影响着图书馆知识化转型，以及图书馆的定位与发展。图书馆知识管理包括：知识的应用管理；知识的创新管理；知识的服务管理；知识的传播管理；等等。高中图书馆知识管理的主要任务是转变管理理念，改善管理方法和运营机制；合理组织与利用图书馆现有的各种资源，拓展图书馆的知识服务，增强图书馆的竞争力和创新力；优化图书馆业务流程，建立知识获取和转化的机制，实现知识的快速传播与共享。

（一）知识管理的内涵

经济合作与发展组织（OECD）提出"以知识为基础的经济"的新型经济概念，预示了知识经济时代的到来。随着经济的发展、社会的进步，知识对社会经济的影响越来越大。知识促进发展、知识创造财富已成为人们的共识，但人们对于知识管理的核心内涵尚未形成统一的认识。概括地说，可以把知识管理当作是以知识为对象，对知识的获取、生产、分配和使用的全过程进行管理。即通过具有知识库管理功能和协同能力的软件工具，运用集体的智慧，使企业系统开发和利用知识信息及专业技术，最终达到提高企业个体知识能力和整体协作能力、应变能力、创新能力的一整套管理策略。

知识管理的目的是为实现员工显性知识和隐性知识共存寻求新途径。知识管理的核心就是要创造一种显性知识与隐性知识互动的机制和平台。它要求管理者把集体知识共享和创新视为赢得竞争优势的支柱。知识管理作为一种全新的管理模式，不同于传统的人力资源管理。它侧重于员工具有的知识需求及交流，通过员工自愿合作、共享和开发知识资源以实现管理目标，比传统的人力资源管理的内容更全面、更新颖。知识管理有别于信息管理、企业管理等，它是信息管理、知识创新、员工教育培训和市场分析等方面内容的有机结合。它是一个跨学科、综合性的研究领域。从传统的人力资源管理到信息管理再到知识管理是一种社会的进步，是经营理念的变革和管理思想的升华。

高中图书馆知识管理以显性知识为基础，以人力资源管理为核心，以推动知识创新为目标，以信息技术为支撑，实现效益模式由规模、质量型向速度型的转变。图书馆知识管理不仅具有丰富的内涵，而且拥有传统管理方法无法比拟的优势与特征，主要体现在以下几方面：重视人的作用和人的发展；重视知识创新；重视知识资产的贡献；重视社会整体发展目标；重视效益模式的转变。图书馆知识管理的主要内容有以下几个方面。

1. 知识组织管理

知识组织是指把知识客体中的知识因子和知识关联表示出来，以便识别和理解。高中图书馆应建立一套行之有效的知识组织管理体系，由主管人员设计知识管理计划，协调知识管理活动；二要通过对知识信息的收集、加工与整理，使无序的信息变为有序，使固化知识得以活化；三要成立知识专家小组来管理各类知识的流动；四要完善支持知识管理的技术设施。

2. 知识开发管理

知识开发是在知识组织的基础上，根据用户的要求和图书馆的发展目标，通过知识组织和知识再造，形成用户所要的或者适应市场需求的新的知识产品的过程。图书馆知识开发的关键是利用馆藏优势，通过对信息和知识的深层次加工，形成独特的知识产品，解决用户的知识问题。

3. 知识创新管理

知识创新就是通过科学研究获得新知识的过程。图书馆的创新管理主要是对知识的产生、传播和应用，以及由相关机构和组织所构成的网络系统的管理。它包括知识的理论创新管理、技术创新管理、组织创新管理和服务创新管理等方面。

4. 知识传播管理

知识的传播与创新同等重要。通常情况下，知识创新者并不是知识使用者，众多知识使用者很难直接从知识创新者手中获取新知识。因此，图书馆可以充当知识的"二传手"，利用多种媒体和渠道来传播各种新知识。

5. 知识服务管理

图书馆知识服务的目的在于帮助读者与科研人员获取科技信息，以促进知识的传播和交流。图书馆从知识服务的方式到内容都要以满足用户需求为目的，将用户的需求同信息资源和信息技术结合起来，向用户提供的不仅是馆藏文献和知识信息，还有解决问题的方案等。

6. 人力资源管理

图书馆人力资源管理就是以培养高素质的专业人才为根本出发点，创造一种催人奋进的学习氛围，进行内在的知识累积，进而实现知识创新的目的。图书馆知识管理的各个环节都离不开人才，特别是具有广、博、精、专的技术人才，因此，要十分重视人力资源管理。

（二）高中图书馆的知识服务

高中图书馆的价值完全建立在为用户、社会提供的服务之上。知识服务是知识经济时代高中图书馆事业发展的必然趋势，图书馆知识管理成果的最终体现也必然是知识服务。相对于高中图书馆传统服务而言，知识服务是一种更高层次的服务，它把文献所含的知识通过图书馆的服务，传播给读者，从而提升图书馆服务的质量。这种以满足读者知识需求为目的的知识服务，侧重知识的交流，把知识作为一种战略资源。所以，知识服务应当成为图书馆管理的新追求。

1. 图书馆知识服务的特点

（1）服务内容专门化

在网络环境下，人们很容易就能获取大量知识。图书馆知识服务，能对文献资源做深层次的开发，形成专门的知识体系，并提供给有需要的用户。

（2）服务策略产业化

在知识经济时代，知识产品的商品化，为图书馆开展知识服务创造了有利条件。图书馆的知识服务能够提高知识产品的使用价值，充分发挥图书馆的社会作用，提高图书馆人的公众形象。在条件更有利、效果更明显的前提下，馆员自然会努力做好图书馆的知识服务。

（3）服务手段自动化

计算机技术、多媒体技术、网络技术、通信技术等现代信息技术在高中图书馆工作中的应用，能减轻工作人员的劳动强度，提高工作效率。利用现代信息技术来进行知识的开发、重组与传播，同样能提高效率，能以最快的速度把适用的知识产品提供给用户。在知识经济时代，要从丰富的知识宝库中获取知识，就需要借助于现代信息技术。

（4）工作人员学者化

当下科学技术日新月异，能够完成图书馆新使命的称职的工作人员，必须是有广博、深厚的知识功底并能不断获取与掌握最新知识的学者化人才。为了履行好自己的职责，做出自己应有的贡献，图书馆工作人员努力使自己成为新型的知识分子是非常必要的。

（5）服务效果效益化

经济效益是知识经济建设的最终目的，也是图书馆知识服务的最终目的。图书馆开展知识服务的效果不只是要看为知识经济建设提供了多少知识产品，还要看其所提供知识产品的经济价值，更要看知识产品在经济建设中的作用，以及经济建设的最终产值。在现阶段，高中图书馆更加重视服务效益。

2.知识服务的模式

（1）结构化参考服务模式

该模式以层次化的咨询建制为特征，保留显要位置上的咨询台，为用户解答简单问题和引导、接收进一步的咨询服务。在此基础上，按照问题的难易程度、资源利用量和利用方式或者专业类型等标准划分成若干咨询部门，并在人力、资源等方面进行相应的配置。

（2）专业化信息服务模式

这种模式按照专业领域来组织图书信息服务，从而提高信息服务对用户需求和用户任务的支持力度。

（3）个性化信息服务模式

该模式强调针对具体用户的需要和过程提供连续的服务，它一方面体现在参考咨询等以解决用户的具体问题为基础的灵活服务中，另一方面将融入系统和组织体制中。

（4）团队化信息服务模式

由于知识服务对知识和能力的要求，因此它往往是依靠多方面人员形成团队来开展。它包括两种方式：一种是依靠团队力量来组织和提供服务；另一种是加入用户团队中，作为用户团队处理信息、应用知识、解决问题的内在成员来进行服务。

（5）知识管理服务模式

该模式从用户目标和环境出发，进行知识的收集、捕获、传播、利用与创新管理，包括：对显性知识和隐性知识的搜索、检索和获取，进行知识的组织和检索管理；利用信息技术进行知识交流和匹配传送管理；利用专家系统、专门分析工具、决策支持系统等支持用户对知识的分析和运用，进行知识利用管理；建立和发展各种管理机制，鼓励知识共享和知识创新。

3.图书馆知识服务的实现

（1）树立服务理念，强化创新意识

高中图书馆开展知识服务，一方面要树立全新的服务理念，认识到知识服务是图书馆提高服务水平、实现图书馆跨越式发展的关键，另一方面要强化馆员的创新意识，用创新思维重构图书馆服务模式。图书馆馆员应当立足于新的服务理念和新的服务方式，激发自己的创造力，使自己不仅成为知识的管理者，更成为知识的再创造者，成为读者在广阔的知识海洋上航行的导航员。

（2）以特定用户群体为核心开展特色服务

图书馆知识服务较之传统服务更具有针对性。用户知识信息的需求是复杂的、动态的、广泛的，除一般的书刊文献信息外，更多的是需要加工后的信息，且呈现出个性化的特点。只有深度研究用户需求，图书馆才能有的放矢地提供知识服务。面对其他信息服务机构，图书馆要勇于竞争，始终把用户的热点需求作为关注重点，根据自身优势，以个性化、特色化服务赢得用户。

（3）加强知识保障体系和特色数据库建设

知识经济时代，图书馆馆藏资源的范围更为广泛，再加上不同类型的知识资源具有其独特性，在图书馆知识服务中发挥着作用，因此要根据用户需求，调配适当比例，优化馆藏知识资源的结构，建立和完善知识保障体系。高中图书馆一是要建立具有本馆特色的数据库，二是要建立虚拟馆藏，提升对网络信息资源的组织能力。

（4）积极探索适合本馆发展的服务模式

高中图书馆的公益性决定了图书馆的服务是面向大众的，是以免费服务为主的。但图书馆知识服务中大量精力投入的特殊性，又决定了这种服务应该走产业化道路。网络环境下，国外文献信息服务有三种发展模式：行政性经费资助的文献服务体系模式；非营利性图书馆协作模式；商业机构的中介服务模式。这三种模式都促进了网络环境下文献资源的共建共享，各具特色。作为文献信息服务的高级层次，知识服务如何借鉴国外的成功经验，走出符合中国国情的产业化道路，是值得深入研究的课题。但最重要的是通过自身的服务，赢得社会认可，得到政府的重视，取得利于自身发展的优良环境。

（三）高中图书馆知识管理的实施

企业的知识管理是将个人知识转化为公共知识，图书馆的知识管理是将公共知识转化为个人知识。无论哪种知识管理，其目的都是促使知识流动。知识只有流动才会增值。知识是创新的基础，知识创新是知识管理的生命力。从知识在创新中的地位作用和获取应用的角度看，知识可分为显性知识和隐性知识两大类。显性知识更多地表现为静态的知识实体；隐性知识则更多地表现为动态的知识过程。

1.显性知识管理

显性知识是可用语言文字或其他可传递的形式表达，在社会上可广泛交流共享的知识。显性知识资源包括印刷型、电子与数字资源等，其中电子与数字资源能便捷地用计算机来存储、处理和交流。高中图书馆显性知识管理包括对显性知识进行序化处理，使其处于随时可用的状态。图书馆内部活动的实质是知识组织，图书馆的知识组织通过"知识标识"体系（分类号、主题词表等）实现文献知识单元处理中的存取随机性和存储组织化功能，为用户提供一个有序化的知识体系。网络环境下，网络信息资源的庞杂和无序使图书馆有必要根据自己的馆藏特色，对网络信息进行整理和序化，发现新的知识点，将其组织到特定的知识体系中，方便用户使用。高中图书馆显性知识管理体现为知识交流和知识共享管理。

2.隐性知识管理

在知识经济的发展过程中，人对知识管理起关键作用，高中图书馆必须重视对人的管理，即隐性知识的管理。寓于各个成员和部门中的隐性知识，特别是运用知识进行图书馆管理和服务的经验、思维方式，是高中图书馆管理创新和服务创新的基础，也是图书馆知识创新的核心；将隐性知识显性化，则是高中图书馆整体知识水平提高的基础。隐性知识在知识创新中的作用常以灵感和直觉的形式体现出来。隐性知识由于只能用语言部分表达，传递和共享就困难得多，这是知识管理中的难点和焦点所在。对于这种情况，图书馆负责人要善于在冲破知识私有观念和调动积极性上做工作，并在全馆建立相应的激励机制和交流机制，如专题性讨论、专项性示范等，借以提高个体成员隐性知识的贡献率。另外，现代社会中知识更新速度极快，人们的大部分应用型知识都是在工作中习得的。高中图书馆要关注知识创新，在知识传播和知识更新中发挥积极的作用。

3. 发展信息技术

知识管理的最高境界是在充分共享和交流的基础上，不断引入新知识，最后形成一个良性循环的知识生态系统。这就需要有先进的信息技术作保证，如最关键的输入输出技术、内部共享技术和管理控制技术，并且尽可能地把最新的信息技术运用到知识管理系统中。高中图书馆馆内知识管理必须以信息技术为基础，让用户共享文献资源、实践成果等，广域互联网必须为用户提供分享知识的机会。

（四）高中图书馆知识服务管理

高中图书馆知识服务是知识经济、网络环境下的深层次服务，是以用户的知识需求为向导，动态地搜寻、组织、重组、分析、整合、创新形成符合用户需求的知识产品，为用户提供知识应用与知识创新服务。

1. 全方位和深层次的服务

图书馆知识服务在服务内容上，要注重对信息深层次的开发和提供多元化、专业化的服务内容。服务手段上要追求网络化、自动化，充分利用信息技术和数据库技术，系统地采集不同群体需要的各种层次和范围的知识信息。针对用户具体用途和提出的问题来设计解决方案，首先，是对用户问题的了解、分析、研究，有针对性地、动态性地解决用户的实际需求，帮助搜集相关信息，整合信息，动态地为用户服务。其次，是通过对收集的信息进行分类、组织和描述，形成知识产品或解决方案，以满足用户的实际需求。从用户的角度出发，为用户量身定做满足需求的知识信息，也就是说图书馆为每一位用户提供的解决方案都是合适的，只有这样才能真正解决用户的实际问题。

2. 知识交流与共享服务

建立知识交流与共享机制，即高中图书馆内部实现知识交流与共享，包括显性知识与隐性知识的交流与共享。让更多的用户掌握运用显性知识的方法，加大对馆内显性资源的展示力度；建立完善的知识管理系统，设置业务流程管理、客户关系管理、人力资源管理、学习创新管理，为隐性知识与显性知识在交流中互为转化提供可能。

3.知识创新与特色服务

知识特色服务实质上就是知识创新，创新涵盖特色，特色融入创新。知识特色服务主要体现在特色资源建设与特色服务上，积极营造阅读氛围，各项活动推陈出新。首先，建立特色馆藏区域，例如，重点学科专题特藏书库、外文专区、地方文献特藏书库、艺术资源、工具书库等。其次，开展特色服务与全民阅读活动等。

4.图书馆知识增值服务

图书馆知识增值服务是指在原始信息的基础上，利用馆员自身的知识和能力对现有的信息进行深层次的加工，实现知识的更新与整合以及信息的增值服务。

（五）高中图书馆知识服务质量

高中图书馆服务质量是指用户对图书馆服务的认可度及满足感的主观评价。图书馆应及时、准确地收集用户的评价并进行控制、管理，以掌握用户对图书馆知识服务的满意程度。这样有利于图书馆掌握用户的阅读需求，改进服务内容及模式。图书馆服务质量控制最直接有效的方式就是建立用户反馈机制。

强化用户反馈意识。图书馆知识服务的满意度与否，用户最有发言权，要依靠用户对图书馆的业务和服务质量进行监督、评价，必须获取用户的反馈意见。为此，用户要有监督和反馈意识，熟悉图书馆的各种反馈渠道，以确保能准确、及时、有效地反馈信息。

收集用户反馈信息。图书馆应高度重视用户的反馈信息，用户反映出来的满意程度是检验图书馆服务质量最真实、可靠的依据。图书馆要通过多渠道、多途径及时主动地收集用户的反馈信息，如通过咨询服务、网络调查、回访、座谈、统计报表等方式了解用户满意程度、服务效果等信息。

准确处理用户反馈信息。由于反馈信息多具有主观性和多维性的特点，图书馆必须把握这些特点，做到及时、认真地处理好反馈信息。同时，必须坚持客观性的原则，凡是正确的、有价值的信息，要及时采纳，推出改进措施，并反馈给用户。

（六）高中图书馆知识管理的目标是实现知识服务

知识管理的主要目的是信息能够服务于人们的行动和决策，最终体现的是知识的价值和服务的价值，落到图书馆实处，就是知识服务之路。

1. 知识服务的宗旨是帮助用户解决问题

传统图书馆以馆藏为中心开展服务，其服务内容是提供用户所需的文献资料。随着信息资源和用户需求的多样化和复杂化，图书馆必须更新服务内容，以信息知识的搜寻、组织、分析和重组为基础，将指导思想由"满足用户需求"转变为"让用户成功"，把知识服务的宗旨贯穿于帮助用户解决问题的始终。

2. 知识服务在方式上强调参与性

知识服务是一种专业化的垂直服务。它要求图书馆馆员具有学科专业参考咨询工作专长，在服务中参与用户的研究过程，融于用户之中，根据用户的需求，动态地、连续地提供服务。由于知识服务更强调图书馆馆员利用自己的知识和能力来帮助用户解决问题，因此图书馆馆员要与时俱进，不断学习，不断调整自己的知识体系，帮助用户获得成功。

3. 建立知识服务所需要的知识资源库

知识服务是从显性和隐性知识资源中，针对人们的需要将知识提炼出来的过程，它是以资源建设为基础的阶段性的信息服务。图书馆可以通过以下方法开发知识服务所需的知识资源库。

（1）利用智能化手段，挖掘蕴藏于大量显性信息中的隐性知识。

（2）从全文数据库中提炼出能够明确表达一个知识内容的知识元，形成"网络化知识元数据库"，并通过链接，为用户提供内容广泛的知识网络。

（3）面向特定类型的机构和群体，采集各类知识信息，开发个性化、专业化的知识库。

4. 知识服务有赖于图书馆馆员综合素质的提高

知识服务是一种面向内容的专业化的服务。"寻找知识"的目标只有在能够揭示"书籍"内容的时候才能实现。只有了解内容的数据结构和检索方法，并对大型知识库和大量储备知识具备导航能力的高素质图书馆馆员，才能去揭示各种学科知识，做到在最需要的时间将最需要的知识传递给最需要的人。因此，图书馆必须培养大批复合型的高素质专业人才。采用行之有效的人力资源管理方式，制定一系列切实可行的人事管理制度，如人员聘用、职业培训、奖惩制度等，充分调动图书馆馆员的创造性和能动性，激励图书馆馆员用自己的智慧和能力为用户开展知识服务。把具有知识和技术的人才从事务性工作和常规管理工作中解放出来，让他们利用自己的知识、技术、能力和智慧进行深层次的知识组织、管理和开发。图书馆要为知识服务培养既具备相应的基本技能和基础知识，又具有必要的专业知识，同时具有丰富的想象力、创造力和动手开发能力的"知识导航员"。

（七）高中图书馆知识服务模式探析

知识服务的过程通常是服务双方持续交流沟通的过程，以达到用户满意的结果。根据服务双方互动的程度，图书馆知识服务的模式可分为以下三种类型。

1. 参考咨询服务模式

参考咨询即高中图书馆馆员基于用户提问而直接提供答案，服务双方交互程度较低，服务提供方相对较为被动，对用户需求的满足程度关注较低，是图书馆基础服务项目。目前，高中图书馆参考咨询有两种服务模式。

一是咨询台式服务模式。该模式一般是在图书馆的显眼位置设立咨询台，通过参考馆员与用户面对面直接交流的方式，广泛了解用户在图书馆遇到的种种问题，同时根据问题的难易程度、资源利用量和利用方式或专业类型等标准划分成若干具体咨询部门，并在人力、资源等方面进行配置和分布。

二是网络服务模式。该模式包括异步数字参考咨询服务、同步数字参考咨询服务与合作数字参考咨询服务。异步数字参考咨询服务是指用户与咨询馆员不必同时在线便可完成咨询交互的咨询方式，主要形式包括FAQ、电子邮件、BBS等；同步数字参考咨询服务即咨询馆员通过网络虚拟环境直接面向用户，即时回答用户问题。合作数字参考咨询服务是由多个图书馆建立起协作关系，充分利用各馆的特色资源和人才优势，协调服务时间，实现每周7天、每天24小时咨询服务的新型服务模式，它是图书馆参考咨询服务未来的发展方向。

2. 专业化服务模式

专业化服务是为用户提供系列的专业化知识服务，服务提供方主动与用户联系，全程参与用户工作任务，为用户提供解决实际问题的知识产品。服务双方对服务过程和结果的关注程度最高。专业化服务模式是按照学科专业领域组织人力和资源，由具备学科专业知识的图书馆馆员深入了解用户信息需求、信息行为及反馈意见，从而为图书馆系统的专业信息资源建设提供参考意见。

高中图书馆专业化知识服务主要包括三方面内容：

一是为教学提供专题服务。专题服务是指针对用户教学内容提供的一套完整的专题信息资料。图书馆利用相关技术将与某一主题有关的信息资源进行整合，定期向教师提供学科发展动态、专业论坛、综述述评和研究报告等文献信息。专业化知识服务不仅丰富了教师的教学内容，还为教师提供了一个互动式的交流空间，充分实现知识共享。

二是为科研提供定题服务。图书馆馆员要主动与教师合作，深入了解教师的需求，主动提供专题化知识服务。对于一些重点项目，图书馆要主动到学校的科研处调查了解课题立项、课题进展等情况，设计定题服务方案、检索策略，并建立定题服务数据库，切实做好从课题立项到成果鉴定全过程的定题跟踪服务。

三是为学科带头人提供个性化服务。个性化服务是根据用户需求，有针对性地为用户提供适合自身环境和信息行为的知识服务。学科带头人的信息需求呈现明显的个性化倾向，图书馆知识服务要充分利用相关智能技术对他们的专业特征、研究兴趣进行智能分析，为其提供研究热点和学科未来发展方向资料。建立专家系统数据库，为学科带头人提供有关专家学者的研究成果、论文、著作等相关资源。同时，对专家学者实行一对一服务，从他们开始研究到研究结束，实行全程跟踪服务。

3. 用户自助服务模式

这是一种单向的以用户为主的服务，用户可根据自己的需求，通过访问图书馆门户网站获取自己所需的相关资源或信息。用户利用图书馆资源的目的是为了解决自己在学习、教学、科研等特定情况下所遇到的问题，而用户所遇到的问题在很大程度上具有一定的普遍性。对于这种较低层次且重复性大的需求，图书馆可借助先进的技术为用户提供标准化服务和解决方案，由用户采用自助服务的方式满足其需求。用户自助服务模式，首先要求图书馆具备完善的知识服务系统；其次要求用户熟练掌握图书馆知识服务系统，或用户能够提出比较明确、直接的问题，明确索取知识的范围和目标，在知识服务系统中找出解决问题的知识或信息。此外，用户可在图书馆检索系统中查询馆藏情况、个人借还信息，以及办理续借、预约等；自动获取图书馆发布的各项信息；通过网络数据库检索、阅读和下载各类电子资源等满足自我需求。

二、人本管理

管理是经由他人达成目标的行为，高中图书馆通过对馆员进行有效管理，使馆员从"勤奋地工作"到"自觉地工作"，再到"有效地工作"，充分发挥馆员的主动性、积极性、创造性，激发馆员的潜能。

（一）人本管理概述

关于人本管理的定义，学界并没有统一的解释。我们认为，所谓人本管理，就是以组织及其成员和利益相关者的需求的最大满足和协调为切入点，通过高超的管理手段，充分挖掘人的潜能，调动人的积极性，创造和谐、宽容、公平的良好氛围，使人从内心中感受到激励，从而达到组织和人的共同发展的最终目标。人本管理的核心价值观是"尊重人、关心人、实现人的价值"。在管理学领域，西方管理理论很早就将人的因素置于管理的核心地位。古典组织理论对人的假设仅仅是"经济人"，注重人的理性，然而此后的新古典组织理论、系统与权变理论等都从人在管理中的意义的角度，进行界定与研究，把人看作是一个追求自我实现、能够自我管理的"管理人""社会人"，将人当作管理活动的核心和组织的最重要的资源，把组织内全体成员作为管理的主体，围绕如何充分利用和开发组织的人力资源，服务于组织内外的利益相关者，从而实现组织目标和组织成员个人目标。

人本管理肯定人的价值，将人视为一切管理活动的最高目的。社会的一切管理活动，无论是调整人与自然的关系，还是调整人与人之间的关系，都是为了人自身的生存和发展、人与人类的利益。人首先并且最终也是人类活动的目的。因此，"人"是目的，表明了人类任何组织的管理都应以造福人类为宗旨。"以人为本"是人本管理的核心价值观。

人本管理鼓励人的全面的、自在的发展。所谓人的全面的自在的发展，只有到了外部世界对个人才能的实际发展所起的推动作用为个人本身所驾驭的时候，才不再是理想、职责等。社会组织在追求自己的功利目标时，应该为本组织的成员创造全面自在发展的条件与空间。这不仅是对组织成员的培养、提高，也是对社会的一种贡献。

人本管理模式下，组织成员具有共同的愿景。共同愿景包括组织的价值观、组织目标、组织行为规则、个人目标等内容，是组织成员发自内心的真实愿望和远大景象。共同愿景把组织成员的个人愿景与组织愿景结为一体，激发个人对生命崇高意义的追求。共同愿景中必然有人的全面发展的内涵。建立共同愿景，能够把个人的发展目标放到组织的愿景中去实现，激励组织成员为着一个远远超出个人利益之上的目标而努力。

人本管理不是无原则迁就个人的人情化管理，但制度的制定必须结合实际，得到广泛的理解和认同。制度本身应体现人性的需要，并具有一定弹性，给管理预留人性化处理的空间。所以人本管理给予的自由，其实是制度管理下的自由。由于各种组织的管理体制、人员状况、工作性质内容及环境条件不同，人本管理的具体运用方式也不同，没有固定的模式。

人本管理是一种思想理论体系和管理实践活动的综合概念。一方面，人本管理首先是一种思想理论体系，它是一系列关于尊重人、满足人的物质需求和心理需求、关注人的内心世界、激发人的内在潜力及主动性和创造精神的思想理论的综合。另一方面，组织在上述理论指导下自发或自觉地开展管理实践活动，人们通常也称之为"人本管理"。20世纪末期，人本管理思想被大量地应用于中外组织管理实践。

通过研究可以发现，人本管理具有以下基本特征：

（1）合理赋权，实行民主政策，强调责任和权利的统一。

（2）鼓励沟通交流，追求信息共享。

（3）组织与成员融为一体，理解、尊重、重视组织成员。

（4）组织成员之间协调、合作，独立学习、借鉴、创新。

（5）组织成员或相关者来自不同地区或国家，有多元文化背景。

（二）高中图书馆人本管理的内涵

高中图书馆人本管理思想是图书馆科学管理主义、人文主义思想结合的产物。自20世纪30年代，以美国图书馆学家巴特勒等为代表的芝加哥学派形成，由此而引发了图书馆人本管理思潮的兴起。巴特勒在其代表作《图书馆学导论》中提出："图书馆作为一个'专业'，和其他任何一个专业一样，有技术、科学、人文这三个层面。"[①] 此后，谢拉的"图书馆学思想"和阮冈纳赞的"图书馆学五定律"思想更是把图书馆的价值观念和以人为本的思想提升到了一定高度。国内很多学者认识到了人本管理在图书馆管理中的应用价值。例如刘国钧和杜定友讨论了人的因素在图书馆管理中的地位问题。近年来，图书馆人本管理研究更是成为国内图书馆学界和业界研究的热点。

---

① （美）巴特勒. 图书馆学导论 [M]. 北京：海洋出版社，2018.

马克思认为："人的本质并不是单个人所固有的抽象物。在其现实性，它是一切社会关系的总和。"[①] 人是自然因素、社会因素和精神因素的统一体，人的全面发展才是终极目的。既然人本管理是以促进人身自由、全面发展为目的的管理，而人又有自由意志和共同的价值观，具有真、善、美、正义以及快乐等内在本性，具有发挥自我潜能和自我实现的力量。那么，高中图书馆进行有效的人本管理的关键就在于建立完善的管理机制，通过图书馆法或图书馆界的权威制度（权威机构发布）保护图书馆馆员的主体地位、个体价值，保护用户的权益，并实现图书馆的社会价值。高中图书馆人本管理的服务客体包括：一是作为服务客体的读者或用户；二是作为服务主体的图书馆馆员。高中图书馆人本管理的内涵如下：

1. 在诸多图书馆管理客体要素中，以人为中心来配置管理资源、培植人文精神、实施人文关怀，以充分调动和开发人力资源，由此保证图书馆社会功能的实现。图书馆人本管理中的"人"，包括馆员和用户。所以，图书馆管理中的"以人为本"应包含两个方面："以馆员为本"是图书馆人本管理的手段之本；"以读者为本"是图书馆人本管理的目标之本。

2. 在图书馆管理与服务中体现馆员的价值，注重满足馆员自我实现需要的内在激励，鼓励馆员的敬业精神和创新精神，注重将根据图书馆的功能和在此基础上产生的制度与馆员在长期实践中形成的道德规范、行为准则和价值观结合起来，使之更好地内化为馆员的自觉行动，以实现其"自我管理"。

3. 在达成用户服务目标的过程中，始终贯彻"用户至上"的理念，充分考虑不同层次、不同类型、不同用户的不同需求。在浓郁的人文氛围中，

---

① 中共中央马克思恩格斯列宁斯大林著作编译局．马克思恩格斯文集．第一卷 [M]．北京：人民出版社，2009.

通过人性化、个性化的方式和内容，为用户提供前瞻性的、充满人文关怀意蕴的信息和知识服务。更为重要的，是在用户服务的程序及其每一个环节中，以公平、自由的态度和精神保障每一位用户获取信息和知识的权利。

4.在图书馆法与图书馆制度的框架内，运用公平机制、激励机制、压力机制、约束机制、保证机制、环境影响机制，实现"以馆员为本、用户第一"的科学精神与人文精神统一的办馆理念。在馆员个体价值合理实现的过程中形成用户休闲学习、平等获取知识的图书馆环境，从而构建和谐图书馆的新模式，使图书馆馆员的个体目标与图书馆的组织愿景达到高度的统一，形成新知识经济时代的图书馆人文氛围。

（三）高中图书馆人本管理的内容

1.科学管人

人无完人。所谓人才也只能是在某一方面有突出特点。高中图书馆馆员必然也有缺点，但关键不是对其缺点直接施加外部影响，而是用其所长，强化其优势，这样一来工作必然有成效。反过来，成就感、满足感会使馆员心情舒畅，精神愉快，使其以积极的心态待人处事，以高姿态处理个人得失，也就更有利于其缺点的抑制。

高中图书馆各部门都是为达成一定目标而设立的。一个确定的目标又是由一系列工作任务所构成。显然，目标的达成取决于图书馆馆员组合的情况，这个"组合"称为组合搭配。一方面管理者要发现人才，并利用其才，让合适的人做合适的事，做到人与事的合理组合搭配，有时甚至可以实行"轮岗制"，通过实践的考验，使馆员在最适当的岗位发挥作用，从而激发工作热情，充分发挥才能，挖掘其潜力，进而形成良性循环。另一方面，科学管人体现在人与人的合理组合搭配。图书馆工作的性质要求各部门以及部门内部既分工又协作。作为管理者，在了解馆员的能力和性格特点以后，在工作安排时就要考虑按工作目标的要求把不同特点的人组合起来，进行优势互补，使馆员能各自发挥特长，从而使整体效能达到最佳。所以在人的组合搭配上，要注意对图书馆整体有贡献的个人优势的发挥而容忍其缺点，不能求全。

2.确立个人目标

首先，对人的需求要有一个正确的认识，不仅正视其存在及其积极的推动作用，还要加以管理、引导、控制和充分利用。当人急于实现其自身价值，以满足需求时，就会去拼搏、去奋斗。在管理中，要研究从满足人的需求方面来调动人的积极性。由于每个馆员都希望在当前和未来的工作中得到成长和发展，因此管理者应当根据每个馆员的才干、能力、需求和价值观等因素，确定其工作岗位，调动其兴趣，鼓励馆员制订个人事业发展计划，进而把个人目标同图书馆发展和变革的整体需要结合起来，这样不仅有利于个人目标的实现，从长远看，也能推动图书馆事业的发展。所以要肯定个人目标对实现图书馆总目标的积极意义，并为馆员个人目标的实现积极创造条件。

3.建立激励机制

在管理学中，激励是指激发鼓励，调动人的热情和积极性。激励的核心问题是动机是否被激发。图书馆馆员在实现奋斗目标的过程中激励和自我激励是不可或缺的，应该看到激励是工作的动力源泉。图书馆管理者必须根据各馆的具体情况，认真分析馆员的需求差异和个性差异，并由此制定有针对性的激励政策，采用精神激励、物质激励、竞争激励、强化激励、惩罚激励等各种激励手段，对馆员进行公平和及时的激励，使其自觉地从图书馆的整体利益考虑问题，更主动地发挥自己的聪明才智，最大限度地激发馆员的主人翁精神，使潜在巨大的内驱力释放出来。当然，在实践中要注意公平公正、实事求是，只有这样才能发挥激励的作用和效益。

4. 提高管理效率

高中图书馆管理者的一个重要任务就是组织、协调馆员去达成任务目标，其中沟通是关键。所谓有效沟通，是通过听、说、读、写等思维的载体，运用演讲、会见、对话、讨论、信件等方式，准确恰当地将意思表达出来，以促使对方接受。沟通不畅常常导致人际关系紧张，工作效率降低。图书馆管理者除应以其较高的素养及人格魅力作为凝聚力以外，还应当有意识地利用各种沟通技巧，为馆员建立沟通网络，消除各部门间的误解，营造积极向上、健康愉快的工作氛围，特别是当有些馆员情绪变化较大时，更要和他们沟通，了解他们情绪变化的原因，动之以情，晓之以理，实现情感上的沟通，产生情感上的共鸣，这是思想引导的重要前提。在执行决策时切不可生硬地发号施令，要争取馆员的支持与配合。

沟通的技巧有很多，例如做好充分的准备，了解沟通对象的背景、需求、兴趣等；选择合适的沟通渠道、沟通方式；尽量使用简单容易理解的语言；注意换位思考，尤其重视心灵情感的沟通。此外，应尽量采用现代化的沟通方式，如微信、邮件等。这些手段可以增强沟通的时效性，减少沟通环节和人为因素，同时实现网络内的资源共享。

5. 竞争协作，创建高效率的团队

现代管理越来越重视"团队"这一概念。因为管理就意味着组织中的成员结合为一个整体，管理的目的是让人们在协同工作中取得成就，充分发挥每个人的力量。组织是以人为本的，既要强调人的心理需求与能力配置，又要强调团队的分工合作与协调一致。要建立强有力的团队，首先要培养团队凝聚力。明确合理的任务目标、图书馆管理者自身的影响力、建立系统科学的管理制度、良好的沟通协调机制、引导全体员参与管理等一系列措施和做法都可以提高团队的凝聚力，使馆员间的人际关系更加和谐，使馆员的自信心和安全感得以增强。凝聚力是维持团队存在的必要条件，

当馆员受到尊重、参与决策、被充分肯定、被信任时，必然会在工作中尽心尽责，团队的作用将得到最大限度的发挥。

（四）高中图书馆人本管理的本质特征

图书馆管理中的"人"包括馆员与用户两个群体。其中，馆员既是管理的客体，又是服务的主体。图书馆人本管理除具备人本管理的一般特性外，还呈现出以下特征。

1. 以馆员的自我管理为主

高中图书馆的工作大部分是知识活动，有着很强的知识性、创新性，其强度、进度和质量不能为管理者所完全控制，而很大程度上取决于馆员的自律性和责任感。对这种自律性和责任感的管控主要由馆员自己来完成，这就是馆员的自我管理。图书馆社会职能前提下的图书馆与馆员的共同愿景引导着馆员的自我管理，对馆员产生内在的激励力量。事实上，自我管理本身就是人的发展的一个重要方面。自我管理从功利的角度来看是为了馆员可以在更大程度上创造性地发挥自己的潜力，为图书馆实现其社会职能做出贡献；而从客观上来看，则是使馆员尽可能地全面发展，成为对整个社会有用的人才。当然，自我管理并不排斥制度，也不意味着不需要外部手段的管理，因为自我管理的前提是授权，但是合理的授权来自馆员对图书馆价值观的共识、管理信息的共享和用户服务技能的训练。而这些恰好是图书馆人本管理强调的内容。

2. 民主机制

美国社会学家萨托利认为："民主包含输入式民主（体现民意）和输出式民主（结果公平、公正）两个过程。"[①] 按照这一观点，高中图书馆管

[①] （美）萨托利.民主新论 [M].冯克利，阎克文译.上海：上海人民出版社，2009.

理不仅包括计划民主、决策民主和执行民主，还包括利益分配和价值评价民主。作为一种非政治民主，图书馆民主不仅具有社会民主（追求社会地位平等）和经济民主（追求经济机会与条件平等）两种性质，而且具有间接民主、直接民主或参与式民主等多种实现方式。因此，高中图书馆民主绝不是一个简单的表决程序。要实现图书馆民主就必须建立起高效、健康的民主机制，在这方面，人本管理具有明显的优势。人本管理本身就是一种蕴含着民主精神的参与式管理模式。在管理理念上，图书馆所有的工作手段和制度规范都要"以人为本"，注重馆员尤其是用户的情感因素。在实践环节上，首先，馆员有更多机会参与实现图书馆功能的计划、决策等各个管理环节，有更多的机会运用自己的知识、发挥自己的才能，满足馆员自尊及自我实现的需求；其次，建立在上下级沟通与互信基础上的组织结构，使权力和责任中心下移到最了解情况、最熟悉问题的相应层次，可以极大提高管理效率。

3.推崇"以人为本"的管理理念

长期以来，人们并没有意识到图书馆所具有的人文教育功能。高中图书馆人本管理不仅强调人文主义精神是图书馆社会功能的主旨，而且在管理的各个环节也不遗余力地贯彻着这种精神。"以人为本"的理念在图书馆的服务环境、服务方式、服务内容、服务制度中一一得到体现。服务环境的人性化在建筑选址、馆内布局、周边环境设置等方面致力于用户平等地获取知识，便利地利用信息资源，满足用户文化休闲的精神需求。服务方式的人性化遵循免费服务、平等服务、开放服务、方便服务、满意服务和休闲服务等原则，通过文献提供、信息咨询、知识聚类、科学普及、休闲娱乐等方式使用户得到不同层次、不同方向的满足。向用户提供有针对性的信息服务，特别是在新技术条件下，个性化的信息检索及其帮助、信息推送、知识挖掘等新服务形式成为现实。服务制度的人性化立足于人文关怀和法权意识，追求用户的人格尊严与信息平等权利，通过法治的形式来确保"以用户为本"和人性化图书馆文化的确立和延续。

4. 以知识互动来推动图书馆与馆员、用户的协调发展

人本管理的"知识观"认为：一方面，任何个人所拥有的知识都是极为有限的，不可能做到直接操控一个复杂组织的所有细节，组织发展的真正动力在于组织成员基于知识互补与互动所形成的群体合力；另一方面，随着知识经济时代的到来，被管理者拥有大量的不为管理者所掌握的知识和经验。要使这些宝贵的资源得到开发与利用，就必须尊重被管理者，并在推动组织发展的同时，满足组织成员个人发展的要求。这表明，人文管理建立在"有限知识"基础上的"知识观"强调为被管理者营造一个能够充分运用自己的知识、经验，发挥个人才能和创造力的自由空间。它不仅符合个人知识的发展需要在实践中获得经验的要求，也符合一个组织的发展需要众多心智共同推动的要求。这一点构成了图书馆人本管理第四个本质特征：通过管理者与馆员、用户之间的知识互补与互动，最大限度地调动馆员的工作积极性，激发用户利用信息资源和图书馆服务的热情，实现图书馆与馆员、用户共同发展。

（五）高中图书馆实施人本管理的意义

1. 实施人本管理是图书馆生存和发展的动力

高中图书馆以自动化、数字化、网络化等技术为手段，对馆藏信息资源进行加工、存储和流通，从而为用户提供文献信息服务。未来高中图书馆的竞争是管理与服务的竞争，而这些竞争归根到底是馆员整体素质的竞争。

2. 人本管理是图书馆确立新机制的根本

人本管理建立在尊重人、理解人、关心人的基础上，强调培育全体员工共同的价值观，爱岗敬业、奋发向上的工作环境，以及亲密融洽的人际

关系。通过实施激励机制、竞争机制、保障机制等，高中图书馆馆员不仅具有获得劳动报酬的物质满足感，而且具有参与管理、施展才干、获得尊重、自我实现的精神满足感。人本管理使高中图书馆的运行机制更适应当下的外部环境。

3. 人本管理是图书馆高质量服务的基础

无论是高中图书馆的采访、编目、信息加工等业务工作，还是面向读者的阅览流通与参考咨询工作，都与馆员紧密联系，高素质的图书馆馆员是图书馆高质量服务的提供者。

（六）高中图书馆实行人本管理的具体措施

1. 树立"以人为本"的观念

读者是高中图书馆存在的基础，是高中图书馆事业发展的立足点。图书馆首先在观念上应该坚持"以人为本"，以读者为依托，在服务水平上下功夫，馆员要做到爱岗敬业、甘为人梯，成为知识的"导航员"，以文明的形象感染学生，以优质的服务帮助学生。

2. 尊重馆员的自主发展

高中图书馆管理者应树立正确的人才观，创造一个能够吸引人、留住人的良好工作环境，让馆员在自由、和谐的氛围中做自己感兴趣的工作，发挥其最大效能。高中图书馆的发展有赖于馆员的智慧和力量，馆员是软环境中的硬资源，所以管理者应给予馆员自主发展的时间及空间，让每一位馆员都成为图书馆的主人。

3. 创造舒适的人文阅读环境

人创造环境，同样环境也创造人。舒适的阅读环境是形成良好阅读氛围、吸引读者的重要条件。高中图书馆人文阅读环境包括：在图书馆的环境布置与装饰上，应符合美学原理，做到布置典雅清爽，布局设计大气，色彩搭配合理，走廊墙壁上适当装饰名人名言和书法绘画，过道上随季节变化放置花卉，使读者步人图书馆后立即被浓厚的文化气息、幽雅的陈设所感染，产生渴望知识的激情，心情舒畅地进行阅读；在制度建设上，应完善管理条文，使图书馆各项管理条款人性化、科学化；在服务上，图书馆馆员应把"以人为本"的办馆理念渗透落实到服务工作的每一个环节，面带微笑、礼貌热情地接待好每一位读者，通过耐心周到的服务感染每位读者，创建舒适的人文阅读环境。

第二节　高中图书馆数字化管理与服务

数字化管理是高中图书馆发展的重中之重，数字化进程涉及图书馆的方方面面，包括人员、管理、资源和技术等。而服务水平始终是图书馆事业的关键因素，只有提高图书馆的服务水平，才能使高中图书馆在数字化进程中不断向前迈进。图书馆管理包括组织制度、标准规范、文化理念。组织制度包括组织体系、规章制度、人事管理等；标准规范是指图书馆运行过程中制定的各种规则；文化理念包括服务意识、思想定位等。

一、图书馆服务管理分析

（一）组织结构管理

传统图书馆的组织结构是按照图书流通的顺序来编排，一般设有采访部、编目部、典藏部、流通部、阅览部、期刊部、参考咨询部、自动化部等。称谓有所不同，但基本职能都大体相同。用户需求的变化、工作重心的改变、服务工作的拓展、图书馆定位、技术变化促使图书馆组织结构进行调整，实施业务流程重组。图书馆的人事管理是组织结构中的重要部分，对于人员的安排也会对图书馆建设产生深远影响。学科馆员是图书馆数字化服务中的先锋，最先与用户相联系，学科馆员制度最早产生于美国，当时被称为"跟踪服务"。

（二）标准化管理

标准是为了在一定的范围内获得最佳秩序，经协商一致制定并由公认机构批准，共同使用的和重复使用的一种规范性文件。在科学、技术和经验的综合成果基础上制定的标准，方便了跨国界、跨地区的产品和信息的交流。数字图书馆建设涉及信息资源数字化、可互操作性、数据交换等许多内容，统一的标准为数字图书馆实现其资源共建共享的目标提供了可靠的保障。为了促进数字图书馆有序化、规范化建设，我国出台了多项相关标准和规范，但从客观来看，各地数字图书馆仍存在发展不均衡、数字资源重复等情况。

（三）人文管理

企业文化是企业的灵魂，是内部思想理念的统一体现，它影响着整个企业的经营、管理，甚至市场竞争的成败。同样，高中图书馆也应该有自己的文化。在信息时代，图书馆只有保持特色，以先进的文化作支撑，才能以一种健康的状态向前发展。这突出体现在图书馆的办馆理念上，有什么样的理念就会指导出什么样的行动。数字化服务最大的特征是用户和馆员的分离，在服务实施过程中，馆员和用户的沟通主要通过现代信息媒体来实现。工作人员越来越多地转向后台，自助式服务越来越多，而用户也逐步倾向于选择这种有一定自主空间的服务。这虽然给众多的用户享受数字化服务提供了均等的机会，但传统服务中馆员与用户之间、用户与用户之间产生的人文关怀却被淡化了，馆员和用户之间成为服务和接受服务的关系，将馆员和用户间复杂的知识与情感交往简化为"机"和"机"的交往。面对这种"背对背"的趋势，我们应重视人文观，实行人文管理。

二、数字化环境下高中图书馆管理要素优化策略

（一）优化组织结构

在新的发展趋势下，传统馆藏不再是知识传递的重心，传统的服务方式也不再是图书馆服务的主要内容，原来以揭示文献资源外在特征的采访编目工作将被以主题、文摘等文献内容为特征的组织工作所取代。深层次的知识挖掘和组织工作、信息服务工作等数字化工作和服务已成为图书馆的核心竞争力。如参考咨询服务已成为图书馆评估的一项指标内容，可见它在图书馆的建设中起着举足轻重的作用。在这种情况下，适时重组图书馆各项业务，才能更好地开展数字化服务。

（二）实施标准化管理

建设数字图书馆要有一定的标准，开展数字化服务同样要遵循一定的规则。新技术、新需求推动了高中图书馆的发展，但是如果不按照统一的标准做工作，有可能会让建设的项目不成体系，不利于图书馆数字化服务的开展，更不利于馆际之间的共建共享。高中图书馆应建立数字化服务标准与规范，进一步推动数字图书馆化建设，具体包括：数字化服务资源建设与评价标准；数字化服务技术应用标准；数字化服务人员的从业标准、考核标准等。

高中图书馆要确保服务质量，就要建立标准并进行评价。由于图书馆服务不具备实体商品的特性，所以评价其质量也不能从传统的物品特性出发，而是要从用户需求出发，评价标准应以用户满意为尺度。

在评价服务质量时，高中图书馆应从用户需求出发，跟踪用户反馈，及时调整服务策略，以提高资源利用率及用户满意度。

（三）实施人本管理

满足读者需求是高中图书馆一切工作的出发点，只有以人为本、实施人本管理，才能使图书馆事业稳步发展。例如，调查、分析读者需求，让每一个读者参与馆藏资源建设；由专人负责汇总、回复读者的反馈信息。

三、高中图书馆数字化与管理、服务理念

（一）提高文献信息资源的保障水平

传统图书馆是以纸质文献作为基本馆藏，为读者提供信息资源，纸质文献由于阅读方便，仍有大量的读者，特别是高中图书馆的学生群体还是以查阅纸质文献为主，但是随着计算机技术的发展，网络环境的改善，网络上的读者变得越来越多。因此图书馆必须统一规划，合理分配图书经费，不仅要满足现阶段读者的需求，而且要为构建数字图书馆打好基础。

（二）丰富文献资源，创建特色馆藏

由于发展需要，数字图书馆馆藏资源日益丰富。为了进一步提高资源质量及利用率，高中图书馆在书刊采购和馆藏建设方面，要改变以往重数量轻质量和以主观兴趣代替读者需要的做法，提高采购的目的性、针对性；要大力加强采购的调查研究，深入了解本校课程设置和科研进展；根据图

书馆任务确定馆藏重点，设计合理的采购计划，使采购有规可循；在资源共知、共建、共享的文献资源建设的规划前提下，根据本馆的自身优势，制作特色数据库，创建特色馆藏。

（三）调整机构设置，适应数字图书馆的发展

传统高中图书馆的管理是单一、无偿、封闭型管理，按照文献在馆内的流动过程设置采编、流通、参考咨询等部门。随着图书馆数字化的发展，这种管理模式将向多元、互动、有偿、开放的方向发展。例如，某高中图书馆根据信息技术应用情况和图书馆工作环节的变化，调整组织结构，将流通部、期刊部合并为读者工作部，又先后成立了技术部、数字化部、信息部。技术部是通过网络管理、系统管理和镜像存储设备管理向馆内业务部门提供技术支持的服务部门；数字化部是以数据处理和数字资源整合为基本任务，生产特色数字产品的开发部门；信息部是直接面向用户提供信息咨询服务及组织相关教学培训的窗口部门。通过这些调整，高中图书馆成为社会文化事业的重要组成部分。

（四）以人为本，提高馆员的综合素质

馆员是高中图书馆各项工作的完成者，是图书馆重要的资源和财富，是信息产品的设计者、操作者，也是图书馆发展的驱动者。作为图书馆的管理者，应该考虑如何科学设岗，按岗取人，把馆员的内在潜力挖掘出来，调动其积极性，发挥其创造力。随着网络、信息技术的发展，高中图书馆不断引进优秀人才，也注重图书馆馆员的整体素质，鼓励馆员通过自学或参加馆内培训来掌握现代化管理技能，使馆员成为信息的管理者、鉴别者和传播者。

（五）以用户为中心，扩大服务范围，提高服务水平

服务是图书馆各项工作的最终体现，也是图书馆联系用户、面向社会的重要途径。随着计算机、通信、网络技术的飞速发展，高中图书馆改变了传统的坐等读者上门、为读者提供以本馆馆藏为主的单一的服务方式，变被动服务为主动服务，争夺用户注意力，塑造崭新形象。高中图书馆要广泛开展内阅、外借、馆际互借、参考咨询、代查、代检、定题跟踪等服务项目，根据用户需求搜集、开发网络信息资源，使图书馆服务向多层次化、多样化、网络化发展，开发与生产出各种形式的一次、二次、三次信息产品，成为信息开发与生产的中心之一。同时，图书馆也可根据学校重点教学科研项目建立专题文献数据库、学科导航库、科研成果库与专门人才库等，为重点教学科研人员提供特色服务，为重点读者提供个性化服务。

四、数字化时代高中图书馆管理与服务的新理念

（一）图书馆人才队伍建设

1."以人为本"的管理

管理学中的人本原理认为：人是管理诸因素中最主要、最积极的因素，是有思想、有感情、有创造能力的复合体。高中图书馆馆员作为图书馆这个"有机体"中的主要角色，其素质的高低、工作能力的强弱极大地影响着图书馆的管理及服务水平。高中图书馆应推出馆员培训计划，全面提高馆员综合素养，使馆员勇于面对数字化时代的新挑战。

2.规范化、标准化、科学化的管理

随着计算机被广泛应用于图书馆业务，高中图书馆以规范化、标准化、

科学化的管理作为提升服务水平的重要抓手，工作规范、标准有了较大幅度的修改和完善，有效推进图书馆各项工作全面落实。

（二）提高文献信息资源保障水平

1.文献资源建设

高中图书馆要采取多种形式，主动了解读者对文献的需求，增加选书渠道，如现场选书、社会捐赠等，进一步提高文献资源的数量和质量，有针对性地选择教学、科研参考书。

2.服务体系建设

高中图书馆应满足读者的阅读需求，加强数字化服务体系建设，努力推进图书馆数字化服务发展，不断提升服务水平，提高读者的阅读广度和深度。

（三）扩大服务范围

网络教育服务。高中图书馆应培养读者的信息思维，举办各种活动以提高读者利用网络资源的能力。

信息导航服务。高中图书馆应利用信息通报、数据导航库等方式，营造学校阅读、学术氛围。

阅读推广服务。高中图书馆应加大阅读推广力度，提高图书馆在学校和社会上的影响力。

网络资源整合服务。网络资源丰富多彩，但比较分散，不便于读者利用，高中图书馆应对网络资源进行整合、加工，然后提供给读者。

高中图书馆也可提供技术、业务、人员培训方面的支持，实现全校范围内的文献资源共享。

第三节　高中电子阅览室的管理与服务

电子信息服务是高中图书馆工作的重要内容。目前，高中图书馆正朝着数字图书馆方向发展，而电子阅览室正是转化的第一步。电子阅览室能最大限度地实现电子信息共享，使现存的光盘数据库得到有效利用。同传统的阅览室相比，电子阅览室使图书馆的阅览范围从单纯的图书和期刊阅览转变为多媒体电子出版物和网络信息阅览；使阅览室工作由传统手工操作向自动化、网络化、智能化方向转变；可进行情报检索和知识深加工。电子阅览室能够缓解图书馆与读者之间的供求矛盾，促进图书馆文献资源建设，同时也改变了传统图书馆的服务内容。随着电子阅览室的应运而生，如何管理电子阅览室，充分发挥其服务功能，提高图书馆信息服务水平，已经成为高中图书馆工作的一个新课题。

一、电子阅览室的管理工作

电子阅览室与传统的文献阅览室不同，它是一种以计算机技术、多媒体技术、远程通信技术和网络技术为依托，集电子文献、印刷型文献的检索利用与信息浏览服务为一体的现代化多功能阅览室。作为一种以高技术手段为支撑的新型阅览室，它既有显而易见的功能优势，服务优势，又存在着技术管理复杂，安全管理难度大等问题。概括地讲，电子阅览室的管理工作主要有三项：一是硬件管理；二是软件管理；三是制度管理。在日常工作中，应着重抓好以下几个环节。

（一）软硬件维护

电子阅览室的工作站是读者直接操作的公共终端，也是各种安全隐患的发源地，包括误操作引起的软硬件损坏、故意删改系统文件、更改系统设置、读者自行安装软件和游戏、自带光盘、软盘带来的病毒破坏等。针对以上情况，一方面工作人员要加强维修检测，及时排除故障；另一方面，为了从根本上防止非法操作，需要选用硬盘保护装置，从系统内部加以控制。当前硬保护是从计算机底层实现保护作用的，其缺点是降低了系统性能，这时可采用扩大系统内存的办法予以弥补。另外，硬盘保护卡在个别机型中存在系统不兼容的问题，例如某图书馆的计算机在使用了硬盘保护卡后常常出现蓝屏、死机等现象，对于这种情况可采用软件保护的方法，例如安装"硬盘卫士"，也能起到良好的效果。

（二）加强计算机病毒防治

虽然加装了硬件或软件保护卡，但对个别计算机病毒仍不能起到完全防护作用，为了使每台计算机安全、正常地工作，必须安装查毒、杀毒软件，开启在线查毒功能，定期对各计算机进行病毒检测，并及时对杀毒软件进行升级。

（三）制度化管理

科学的管理是电子阅览室正常工作的保证。如果没有一套完善的制度，就可能发生读者不遵守上机上网规定、恶意更改系统参数、登录非法网站等情况，因此制定读者守则和工作人员岗位职责是十分必要和有益的。这两项规则的主要内容大体如下所示：

《电子阅览室读者守则》：①上机须出示上机证并登记（主要用于统计

及收费管理）；②服从值班老师管理，按指定机号上机；③自带软盘、光盘等必须向值班老师讲明；④严禁擅自更改 CMOS 设置等内容；⑤上机过程有问题可随时询问值班老师。

《电子阅览室工作人员岗位职责》：①电子阅览室工作人员严格按照读者守则对上机者进行监督管理；②耐心解答读者提出的技术咨询等问题；③发现计算机故障及时找出原因，准确排除故障确保计算机正常运行；④加强对读者用机情况的监控，发现问题及时纠正，故意破坏者严肃处理；⑤严格按照操作规程工作，每天检查机器运转是否正常，发现问题随时记录，及时诊断，及时解决问题。

二、电子阅览室的服务工作

电子阅览室提供的基本服务包括：网络浏览、各类数据库检索、多媒体视听、馆藏文献资源查询等。电子阅览室工作人员应具备以下基本素质：热爱本职工作，树立良好的职业道德，不断提高业务技能；了解读者，掌握读者的需求特点；熟悉电子文献信息资源内容，不断提高服务水平。在此基础上，电子阅览室工作人员应从以下几个方面提升服务能力。

（一）积极宣传馆藏电子资源

馆藏电子资源的利用率不仅关系到图书馆的经费使用效益，也反映了图书馆信息服务的水平。实际情况是很多读者对这些数据库并不熟悉，这就需要馆员以各种形式大力宣传馆藏资源，对电子资源的类型、内容、专业范围及查询方法进行介绍。例如，通过图书馆网站发布电子资源信息，定期开展专题讲座等。

（二）文件服务

应用软件、工具软件是电子阅览室服务的一部分。高中图书馆可在每台计算机上安装 AutoCAD、Photoshop、Flash、3Dmax 等应用软件及 ZIP、RAR 等工具软件，最大限度地满足读者的软件需求。

（三）导读服务

由于一些读者的计算机操作技术不够熟练，想检索信息时苦恼于选择哪个网址、采用哪类搜索引擎等，因此检索速度慢，信息查准率低。另外还有些读者，由于上网目的不明确，常常花费大量时间在网上聊天，最终一无所获，结果浪费了时间，耽误了学习。针对以上存在的问题，除了对上机者进行必要的计算机基础知识和检索技巧培训外，电子阅览室的管理人员应编制一套适合读者上机用的《电子阅览室技术操作手册和读者上机指南》，内容可涉及上机操作步骤、有关的网址介绍、检索方法与技巧等，同时对上机者随时出现的技术问题，应进行当场指导，帮助上机者更好地使用计算机。

（四）辅助服务

用户还可以在电子阅览室下载、编辑、复制、扫描、打印数据库文件，以及下载、复制、打印网络文件。

电子阅览室的管理与服务是一项复杂的工作，也是一项长期任务，需要管理者及馆员在实践中不断总结经验，改进管理手段，完善服务内容，使电子阅览室成为高中图书馆优质服务场所。

第四节　高中图书馆期刊管理与服务

办学规模、办学层次的提升以及学科设置、资源管理等方面的变化，给高中图书馆的信息资源与服务模式提出了新的挑战。期刊作为图书馆具有活力和流通效益较好的部门之一，其重要性是毋庸置疑的。期刊文献信息量大、覆盖面广、内容新、传播速度快，是教学、科研人员及时了解学科前沿动态不可缺少的信息来源。因此，及时做好期刊工作的调整，优化期刊管理和服务是高中图书馆的重要任务之一。期刊是当今世界传播最新科研成果与科研动态信息的主要载体，拥有鲜活的信息源。高中图书馆的期刊具有内容广泛、信息含量大、出版周期短、刊载资料新、专业性强、流通范围广等特点，及时反映学科的前沿动态、科研成果和发展趋势，不仅是高中教师教学和科研的首要参考资料，也是学生拓宽视野、撰写文章的重要参考资料。因此，如何优化期刊管理，更好地利用期刊资源为学校教学科研服务，最大限度地满足读者对文献信息多层次、多元化的要求，提高读者服务质量，是高中图书馆管理者需要思考的问题。

一、期刊管理体系

期刊文献在高中图书馆馆藏资源中占有重要地位，为高中图书馆信息服务提供了资源基础。高中图书馆应根据学校的发展方向确定本馆的馆藏期刊。

高中图书馆应较多地征订专业类刊物，偏重于学校特色学科及重点课题，让学生在课外有更多更好的专业读物。

期刊的订阅是非常重要的环节，选购的期刊质量如何，是否符合读者的要求，将直接影响读者对期刊的利用率。为此，每年在征订期刊时，高中图书馆都要将期刊征订目录和征求意见表发到学校各部门，加强与学校的联系，在此基础上确定入藏期刊。对师生所需的期刊文献有选择地订阅，根据读者反馈来决定期刊的种类，及时确定课程所需期刊文献订阅方案，广泛征求师生意见，满足师生的阅读需求，合理拟定期刊采购计划。

二、期刊管理策略

（一）及时上架最新期刊

现刊展示，每次将最新到馆的期刊作为新刊展示，起到推荐作用。期刊管理人员遵循"快"字原则，以提高现刊验收、登记、分类、盖章、上架等环节工作的效率，保证当天收到的期刊及时和读者见面，满足读者的需求，充分发挥现刊的时效性，保证期刊的连续性和完整性。

（二）合理布局阅览室

根据学校办学宗旨和教育教学实际需求，期刊现刊布置应以方便读者查阅利用为目的，合理安排阅览室布局。每类期刊严格按照《中国图书馆分类法》期刊分类表分类，确保期刊按类整齐、有序排架。

（三）提高服务水平

在做好阅览日常工作的基础上，根据读者的需要，提高专题、定题服务，使阅览服务更上一个新台阶。期刊管理人员利用阅览室期刊齐全的优势，将阅览服务与信息咨询服务相结合，因地制宜地提供信息咨询服务，既提高了期刊利用率，又满足了读者的多样化阅读需求。

（四）加强宣传力度

期刊的利用高峰一般只有 3~5 年，有的更短而且收藏有限。加大对期刊的宣传力度，如通过校园网、校刊、通告等各种渠道宣传期刊的刊名、刊期、出版单位及订购等信息，以引起更多读者对期刊的重视，介绍新刊和馆藏期刊，开展期刊评论，举办讲座等。

（五）改善阅读环境

高中图书馆不仅要有一流的文献资源、优质的服务，还要营造舒心的环境来吸引读者。优雅、舒适的阅读环境直接影响读者获取信息的质量，营造和改善阅读环境，为读者提供干净、整洁的阅览场所，是期刊管理人员应尽的责任和义务。

三、期刊管理人员培养

新形势下的高中图书馆期刊管理人员应努力提高自己的职业道德和专业文化，变被动服务为主动服务，科学地管理好期刊，让丰富的期刊资源为教学、科研服务。图书馆只有加强对期刊管理人员素质的培养，才能优化期刊管理，提高读者服务质量，更好地为学校教学科研服务。

期刊管理人员应不断提高自身业务能力，增强服务意识。首先，期刊管理人员要牢固树立"读者第一，服务至上"的思想，具有爱岗敬业的职业意识，为读者提供最优质的服务；其次，努力提高业务能力及专业素养，为读者提供高质量的信息服务。

四、期刊管理存在的问题

（一）管理手段落后

当前，一些高中图书馆依然沿用传统的管理方法，办公自动化设备没有很好地发挥作用。

（二）缺乏对读者的教育

由于个别读者阅读习惯较差，导致期刊出现破损甚至残缺，影响期刊文献内容的完整性和连续性。

（三）馆员工作能力较差

虽然学历在一定程度上反映了一个人的知识水平和学习能力，但一些高中图书馆工作人员空有学历和职称，自身工作能力较差，对行业发展缺乏了解，这又谈何为读者提供更好、更深层次的服务。

（四）缺乏管理人才

由于历史原因和现实因素，一些高中图书馆的人才结构不合理，高素质人才进不来、留不住，尤其是缺乏开拓型管理人才，直接影响了期刊信息资源的开发和利用。同时，图书馆普遍存在缺乏计算机人才的问题，也影响到期刊信息服务的效果。

（五）缺乏深层次的信息开发

高中图书馆期刊管理工作整体水平不高，馆藏和网络信息资源开发不够。一些图书馆不与外界的信息网络社会联系，只提供借、还、藏服务；没有明确的制度来监督、评价期刊管理工作，馆员主观能动性不足。

五、期刊管理工作创新

管理、服务创新是高中图书馆事业发展的永恒动力。高中图书馆应在遵守规则的前提下，通过各种途径积极主动地了解读者的期刊阅读需求，分析期刊类型，适时更新管理手段，充分发挥馆藏优势资源，为读者提供更优质的服务；树立创新意识，用先进的管理理念服务用户。

（一）馆员培养

人们只有不断学习新的知识，才能适应社会的发展。高中图书馆馆员更要与时俱进，才能提高服务水平。图书馆管理者应该给馆员创造学习机会，定期对馆员进行培训。图书馆专业知识是图书馆工作人员必须掌握的基础知识。然而，图书馆期刊管理人员有的并非毕业于图书馆专业，没有系统学习过图书情报知识，必将影响图书馆期刊部门的工作。即便是毕业于图书情报专业的期刊人员，如果不了解其他专业知识，也不能很好地为读者服务，这是由期刊文献的"既广又专"的特点所决定的。尤其是在网络环境下，更应该了解计算机网络知识，要懂得运用先进手段检索与查询期刊文献。高中图书馆期刊管理人员，不管在什么条件下，都应自觉地学习各方面的知识，接受继续教育。

（二）读者管理

加强对读者的管理，是高中图书馆凝聚图书馆人气、规范工作秩序、保障读者权益、提高服务质量的重要途径。图书馆面对的是独立的、分散的读者，只要读者在借阅各环节下遵守规章，使图书馆工作有序开展，也就完成了管理服务目标。这一过程注重读者的个体特征，忽略了群体特征，缺乏对读者的有机组织，降低了管理服务效率。加强读者管理，就是要通过有机整合读者群体，规范读者服务工作秩序，提高读者服务工作的绩效，全面提高读者的阅读兴趣和阅读效率。观察学生的阅读行为，不难看出不同年级的学生对期刊的选择与利用存在差异，因此要了解他们的阅读动机，引导学生克服畏难心理，多阅读学习相关书籍。同时，配置专业化期刊，按照读者的要求扩大期刊订购种类、数目，重点突出馆藏期刊的特色。如果读者人数在短时间内骤增，期刊有一定程度的供不应求现象，扩大期刊与读者的接触面，是期刊管理人员需要解决的问题。对于逐渐将知识应用于实践的高年级学生和研究型读者，只有全方位地跟踪、广泛了解期刊动态信息，并适时地、全面地、系统地加工文献信息，最大限度地把期刊资料进行分类，提供更有针对性的服务，才能减少学生阅读中的选择时间。同时要科学地开展新生阅读推广活动，增强学生的阅读意识，及时进行期刊检索教育。

（三）服务创新

期刊管理的服务创新要突出"新、特、专、活"的特点。"新"就是要开展前人没有开展过的服务，采用新技术、新方法，不能墨守成规，一成不变；"特"就是要求高中图书馆有特色馆藏和特色服务，打造自己的特色，走出一条服务的新路子；"专"就是要适合本校，了解读者的学习、研究动向，及时、准确地为读者提供专业文献信息服务；"活"就是在服务方式上要灵活多变、不拘一格，变被动服务为主动服务，变低效管理为高效管理，变重物管理为重人管理。

一是加强期刊信息资源开发，包括纸质期刊文献和电子期刊文献。切实做好期刊采集工作，最大限度地把期刊文献信息呈现在读者面前。

二是改进期刊管理服务模式。了解本校特点，指导学生掌握获取信息的方法；利用信息技术，增强服务的针对性，提高学生查询、阅读和获取信息的效率。

三是创建期刊信息网络。社会已经进入信息网络时代，高中图书馆期刊管理工作的重心由借阅服务向现代高科技服务转移，建设期刊信息网络中心，建立期刊专题数据库及联机编目，还可以线上馆际互借。

四是建立期刊信息咨询服务部。随着社会的发展，学生对信息资源的需求越来越迫切，图书馆有必要开发二次文献信息资源，利用自身资源、人才优势，满足读者的阅读需求。

五是保证服务时间。按照图书馆规章做到满时满点服务，逐步改善读者在馆阅读体验。

六、期刊馆藏结构优化

图书馆要真正发挥期刊的作用，就要建立科学的期刊馆藏结构。高中图书馆的期刊馆藏数量与本校实际教学及科研情况有关，期刊馆藏是高中学习、教学和科研活动的重要保障。

（一）科学分析，合理采购

采购工作是期刊馆藏的关键环节，期刊采集应结合读者需求，突出本校特色，科学选订，合理采购，形成特色馆藏。

根据历年期刊征订目录及读者实际需求制订征订计划，认真做好调查研究工作。

根据学校发展规划、专业设置，在保证教学、科研需求的基础上，兼顾学生和教师课外阅读和提高综合素质的需要。

确保核心刊物的连续性、完整性、时效性，建立重点学科核心期刊体系。

（二）统筹兼顾，合理分配

随着计算机技术的发展，电子期刊以检索便捷、容量超大、节省资源等优势迅速占领媒体市场，但在现阶段电子期刊并不能够完全取代传统纸质期刊。高中图书馆期刊馆藏结构仍然会是纸质期刊和电子期刊并存，根据学校具体情况进行有效配置，以学术刊物为主，知识性、普及型大众刊物为辅。期刊管理人员应认真研究期刊资源的性质和特点，甄选本校师生所需的期刊。

七、期刊信息资源开发

目前，我国高中期刊资源的使用仍处在初级阶段，专业期刊、科技期刊利用率不高是普遍存在的问题。究其原因，主要是重藏轻用、重书轻刊，期刊的连续性与完整性差、读者检索能力差、服务方式单一等。因此，图书馆应该创新管理服务措施，提高期刊利用率。

（一）现刊和过刊基础管理

做好现刊和过刊的管理是期刊管理工作的起点和基础。现刊、过刊要实行全面开架式阅览，期刊阅览室的布局要科学合理，排架有序，期刊的排架要依据《中图图书馆分类法》，按照学科进行划分。同类期刊集中排列在一处，标识清楚醒目。提高现刊验收、盖章、登到、分类、上架等环节工作的效率。现刊到馆后，当日上架与读者见面，以满足读者的阅读需求，充分发挥现刊的时效性的特点，并保证期刊的连续性和完整性。工作人员要不定期巡架、理架，以确保期刊的整洁、有序，便于师生取阅。过刊虽不像现刊那样具有时效性，但仍是图书馆的重要馆藏资源，应避免出现丢刊、破损等情况。

（二）加强期刊宣传

工作期刊的宣传、报道使期刊的信息资源得以活化，是提高期刊利用率的关键环节，也是广大师生了解期刊、利用期刊的前提。高中图书馆必须开展好馆藏期刊的宣传报道工作，宣传报道的内容包括科教信息新动向、学术科研新成果、新到期刊内容介绍、馆藏期刊介绍等。具体的方法有：通过校园网发布新到期刊目录；通过电子屏发布重点期刊的简介；编制期刊导读；举办特色期刊的展板展示。最终的目的就是使广大师生能快速获得相关的知识、信息，并使之应用于教学、科研与各项工作中。活化期刊信息，提高期刊利用率，让期刊更好地服务于广大师生。

此外，高中图书馆要为广大师生营造舒适、温馨的期刊阅览环境。优良的阅读环境是吸引读者的必要条件。期刊阅览室要窗明几净、光线明亮、空气通畅，管理人员要文明用语、热忱服务，等等。

第五节　高中图书馆人力资源管理与服务

人力资源管理作为一门科学，是现代社会生产高度发达、市场竞争全球化的产物，其理论最早出现于西方国家。高中图书馆人力资源管理，就是根据高中图书馆的实际情况，做好人才的用、育、激、引等工作。如果管理得好，高中图书馆面对的读者都会得益；如果管理得不好，则馆藏再丰富、经费再充足也无济于事，无法充分实现高中图书馆的价值和意义。要使高中图书馆顺利完成各项任务，并最大限度地满足读者的需求，管理者必须重视图书馆人力资源管理，让本馆人才结构始终处于优化状态。高中图书馆承担着为读者提供文化服务的重要社会责任。为适应信息社会发展的需要，高中图书馆必须运用先进而科学的人本管理思想，将人力资源的开发与管理放在首位，对工作人员进行优化组合，以激发员工的工作积极性。

一、人力资源管理的基本内涵

（一）概念

人力资源是指能够通过劳动过程实现价值创造的人所具有的知识、智力、技能和体能的总和。

管理是指在特定环境下，通过实施计划、组织、领导和控制等职能来协调组织的所有资源，实现组织既定目标的活动过程。

人力资源管理就是指组织管理者运用现代化的科学方法，通过对人力资源的取得、开发、保持和利用等方面的计划、组织、领导、协调和控制活动，以充分发挥人的主观能动性，调动人的积极性，提高工作效率，最终实现组织目标的管理过程。

（二）特征

人力资源管理具有综合性、实践性、发展性、民族性和全面性等特征。人力资源管理的综合性表现在它是一门复杂的综合性学科，涉及经济学、社会学、人类学、心理学、人才学、管理学等。人力资源管理理论源自实践，是对人力资源管理实践的概括和总结，并反过来指导实践，接受实践的检验。人力资源管理是发展的、动态的，从"经济人"的以效率为中心的管理，到"社会人""自我实现人"的以人为中心的管理为主。因此，人力资源管理要以动态的眼光审视动态的环境，采取动态的管理方式。人力资源管理的民族性表现在，人的行为深受其思想观念和感情的影响，而人的思想感情又受到民族文化传统的影响，人力资源的管理带有鲜明的民族特色。人力资源管理是全面的管理，表现在：一方面，人力资源管理包括从招聘到离职的全过程，其所进行的各种管理活动构成了人力资源管理的各个环节；另一方面，人力资源管理将全体人员纳入管理范围，而不仅以人才资源作为自己的管理对象。

（三）意义

1. 有利于图书馆事业的快速发展

在高中图书馆中，管理者与馆员之间、馆员与读者之间、馆员与文献资源的配置与效率，影响着图书馆工作开展情况。只有通过科学的人力资源管理，合理组织和利用人力资源，不断协调人力资源同其他资源之间的关系，并在时间和空间上使人力资源同其他资源形成最优配置，才能保证图书馆工作有条不紊地进行。

2. 有利于人力资源的合理配置

图书馆人力资源管理的重要任务就是要通过采取各种措施，激发馆员的积极性，充分发挥他们的潜力，做到人尽其才，才尽其用。并且正确地评价每一位馆员的贡献，根据他们的贡献和需要进行激励，使他们安于工作、乐于工作、忠于工作，积极主动地奉献自己的全部能力和才智，从而提高工作效率。

3. 有利于馆员自我实现的需要

图书馆应当采取多种方式了解和满足馆员的需求，为他们的发展创造条件。可以通过各种方式和途径，有计划地加强对馆员的开发和管理，不断提高馆员的文化知识和技术业务水平。搞好对馆员的选拔、使用、考核和奖惩，做到能发现人才、合理使用人才、充分发挥人才的作用。关心馆员的生活和物质利益，激发馆员的工作积极性，使馆员以更高的热情、扎实的理论、娴熟的技术、良好的心态投身到工作中去，实现自身的社会价值。

二、高中图书馆人力资源管理现状

（一）人才流失

近年来，高中图书馆高层次人才流失现象严重，高素质员工与普通员工比例失调，制约了高中图书馆的长远发展。

（二）用人随意

一些高中图书馆存在人员随意组合、学非所用、干非所长，人员调配上缺少长远计划和宏观调控现象。学校人事部门为解决引进人才的家属就业问题或分流其他部门精减人员，而强行往图书馆安插工作人员；随意调动图书馆工作人员，使工作人员在学历、资历、能力、年龄等方面缺乏互补，极大地阻碍了图书馆工作效率的提升。

（三）管理方法陈旧

高中图书馆对人员的管理在观念和方法上长期停留在"人事管理"的层面，未能上升到"人力资源有效配置"的高度。对图书馆事业发展最重要的人力资源常常只限于安排而较少地进行建设。由于工作优劣与个人利益不挂钩，缺少激励机制，导致图书馆馆员的竞争意识、创新意识淡薄，缺乏工作的主动性和积极性。

（四）岗位及人员设置不平衡

在高中图书馆内设岗位中，流通阅览等服务岗位与其他岗位人员所占比例不平衡。在为读者提供高质量的文献信息岗位上，从事高层次的信息服务的咨询员较为缺乏。

（五）人力资本匮乏

高中图书馆在进行评估时不考虑人力资本，对人力资源的流失与损耗不认为是图书馆资源的流失与损耗，不把人力资本的保值和增值作为图书馆管理目标。管理者往往只重视设备添置、文献采购，不重视对人员的培训，重视物质经费的投入，不重视人力资本的投入。图书馆经费向物质资源倾斜，加重物质资源所占资金的比例，使人力资本投资相对减少，人力资源开发的长期滞后与信息技术发展对人才的要求严重失衡。

三、人力资源与图书馆发展的关系

高中图书馆是公益性机构，作为人类文明与知识（文献的保存、整理）的载体，图书馆的功能能否实现，关键在于馆员的素质。因为在图书馆文献、经费和人力这三项资源中，最具决定作用的就是人力资源。可以说，人力资源是图书馆生存与发展的关键因素。如果人力资源管理和开发不力，即使有丰富的馆藏和充足的经费，也难以发挥图书馆的社会信息网络的枢纽作用。人力资源在图书馆事业发展中具有极其重要的地位和作用，我们必须高度重视图书馆人力资源的开发与利用。人力资源开发是一个持续提高人的综合素质并不断创新的过程，它集成了人力资源预测、规划、培训、优化配置、使用管理等环节，其中培训、配置与管理是关键环节。通过教育和培训，图书馆专业人员在知识、技能、素质等方面都能够得到提高。同时，采用激励机制等手段，能够促进人才脱颖而出。

图书馆人力资源管理，是指根据图书馆工作的性质和特点，做好员工的政治思想教育和提高业务工作能力，并且依工作需要对员工实施最佳的调配与组合。图书馆人力资源开发，则是指基于员工个体素质，包括身体素质、心理素质、文化素质、专业素质、技能素质等，分层次、按岗位最大限度地发挥员工的潜力。通过在职进修、短期培训、鼓励自学等方式，激发员工的潜能。图书馆馆员担负着文献信息资源的组织及知识的整合等责任，具有较强的成就需求、尊重需求及求知需求。高中图书馆管理者只有充分了解、尊重员工，员工的心理需求才能得到满足。

四、人力资源管理的新理念

人力资源管理与传统的人事管理是两种完全不同的理念。传统的人事管理是行政工作，根据工作或其他需要，由人事组织、调动、分配人员，重点在"管"。一般情况下，这种对人的选择是单向的，员工往往是被动地服从企业任命。人力资源管理则是把人作为稀缺资源统筹配置与开发，重点在"用"。尤其是实行聘用制后，双向选择就成了主流。从理论上讲，管理者与员工在"选择"方面的权利是对等的。在运作过程中，人力资源管理虽然也涉及人事组织部门，但这仅仅是人力资源管理的组织程序，而不是传统"组织调动分配"的版本复制。人力资源管理的内容主要包括：人力资源规划；工作需要与个体能力差异分析；招聘与选拔；培训与开发；绩效评价、激励与约束等方面。人力资源的核心理念是"以人为本"，重点是人力资源智力开发，人的思想觉悟的提高、潜在能力的开发，以及人才的发掘等。人力资源管理的新理念，就是认可人力资源的价值，管理者与员工之间以诚相待、岗位需要与人才流动相适应、现实能力与创造潜能并重开发、事业发展与个人成就相一致。

五、高中图书馆人力资源管理职能

当今社会，随着科学技术的应用、网络环境的发展、文献信息的数字化，高中图书馆的工作内容和方法较之以前发生了很大变化，对工作人员提出了更高的要求。高中图书馆进行人力资源管理是实现图书馆可持续发展的重要保障。图书馆人力资源管理人员需要具备以下能力：

（一）良好的职业素质

坚定的政治立场。图书馆人力资源管理人员应能正确判断信息的政治倾向、文化价值、用户选择，能够提供符合国情、健康向上、有益于文明建设的信息服务。

具有敬业奉献精神。图书馆是为读者服务，虽然某些工作环节具有科学研究性质，但研究的结果依然服务于读者。因此，图书馆人力资源管理人员要树立"读者至上、服务为荣"的工作态度，具备锐意进取、不断创新的能力。当代图书馆所面对的用户的文化素质越来越高，这就要求人力资源管理人员具备较强的学习能力、人际沟通能力，善于处理复杂的人力资源管理相关问题。

（二）信息管理专业知识和外语能力

高中图书馆作为社会文献信息资源存储、管理和服务的传播中心，为读者提供有价值的文献信息应责无旁贷。因此，图书馆人力资源管理人员必须掌握信息管理类知识。针对外语文献资源较多的情况，图书馆人力资源管理人员还应掌握一定的外语知识，这样才能准确、规范地整合并传递有价值的信息。

（三）市场开拓能力

在现代社会，图书馆是知识传播系统中的重要组成部分，图书馆人力资源管理人员应加强同社会的交流和沟通，以扩大图书馆的影响力，将有效的信息服务转化为现实生产力。图书馆人力资源管理人员要有市场意识，除了能够争取应得的经济利益，更重要的是能够获取社会效益。

六、高中图书馆人力资源管理新举措

高中图书馆如何开发和管理人力资源，对图书馆事业发展具有较大影响。这就需要图书馆管理者结合长远目标进行战略性、系统性和整体性的人力资源规划和开发，采取积极有效的措施，深化人事管理体制改革，从人事管理转向人力资源管理。

（一）指导思想

管理者应树立"以人为本"的人力资源管理指导思想，将员工当作图书馆的主体，将人力资源管理当作图书馆工作的核心，充分开发、合理配置人力资源，也就是重视人、依靠人、教育人、引导人、激励人、塑造人，调动人的积极性，发挥人的潜在能力和创造精神。

（二）组织建设

培训是高中图书馆人力资源管理的重要内容，图书馆管理者在人才开发战略上应改变以往传统的教育培训观念，把培训重点放在提高馆员的工作能力和综合技能上，学历、职业证书和实际能力并重，建立新型图书馆人力资源培训体系，把图书馆建成一个学习型的组织。图书馆开展的培训种类繁多、涉及面广，除了需要培训专业人才以外，还要培养复合型人才，使之知识面广，技术过硬。同时，图书馆培训必须根据培训对象的需要，有针对性地制定培训策略。

（三）管理机制

图书馆要开发人力资源、吸引人才，至关重要的是要有一套科学、合理、规范的人事管理制度和完善的运行机制。现代人才管理学要求以"科学、高效、精简"为原则。这就要以目标管理为基础，对岗位和任务进行细化、量化分析，对人力资源实行优化组合、科学配置。同时，要科学制定管理制度、岗位职责和业务规范，建立责、权、利相结合的责任制，定期考核，适时奖惩，以实现预定的组织目标。

（四）资源投入

人力资源的优劣体现在人的知识、技能、经验和工作熟练程度等能力与素质上，与人力资源的投入直接相关。图书馆对人力资源开发的投入除了技术和业务培训方面以外，还包括对人的知识、技能、思想观念、思维方式和行为规范等方面进行综合培养和教育。这就需要相应的资金与人力投入，以保证培训工作的正常开展。

七、高中图书馆人力资源管理创新实践

（一）知识管理

知识管理成为目前图书情报学最活跃的一个生长点。知识管理充分吸收了信息管理的理论和实践成果，在充分占有信息和知识共享基础上进行知识创新。知识管理具有两层含义。

（1）知识管理的对象是知识，既包括近距离的又包括远程的，包括以载体形式表现的显性知识，也包括人们大脑中的经验、技术等隐性知识。

（2）知识管理不仅仅是对知识进行收集、加工、组织和传播，更重要的是创造性地利用知识促进显性知识和隐性知识的融合，实现知识的创新，并促进隐性知识转化为显性知识，从而推动事业的发展。知识管理的根本目标不是吸收和占有多少知识，而是运用知识，通过对各种知识的连续动态管理，提升对知识的捕获、开发、利用、创新的意识和水平，从而更好地应对外部环境变化，具有较强的方向性和功效性。知识管理强调观念的转换，即知识不仅是一种资源，更是一种能力。高中图书馆人力资源管理要运用知识管理思想，就是要将现实信息和馆员的智慧转化为生产力、竞争力和新价值的观念，使知识融入产品、服务和生产过程，将知识作为产品进行生产，驱动以创新为目的的知识生产。把知识和信息作为纽带，在工作和人之间、管理者和被管理者之间找到一个连接点，使高中图书馆内部形成向心力和凝聚力。管理者在重视馆藏文献显性知识管理的同时，应更重视馆员头脑中存贮的隐性知识的转化与发挥，以达到知识创新、传播及利用的目的。

（二）知识服务

知识服务是为了适应知识经济的发展和知识创新的需要，以解决用户问题为直接目标，通过对用户知识的需求和问题的分析，向用户提供经过智能化处理的符合用户需求的知识产品。知识服务在内容上要强化知识性。高中图书馆知识服务不是简单的资料收集、贮存和传递，而是进行知识的创新与利用。首先，在服务内容的深度上，应特别注意拓宽知识面，实施知识挖掘与知识发现，使原有信息和知识得到系统化、综合化、深入化的整合，产生针对性和适用性更强的再生知识，实现知识资本的更新、整合和增值；其次，在服务内容的广度上，应尽量扩展相关问题的知识涵盖面，充分利用图书馆现有各种实体资源和网上虚拟资源，依靠现代信息技术为图书馆提供知识面很广的信息服务和知识服务。知识服务在方式上注重灵活性和多样性。知识服务是建立在图书馆服务功能和专门知识基础上的一种价值取向，不再是以信息资源的收藏和组织为目标，而是以灵活的服务模式为标志，充分利用和调动知识馆员的智慧，针对特定问题分析、诊断、解决。知识服务方式多种多样，包括参考咨询服务、专业化信息服务、个人化信息服务、团队化信息服务、知识管理服务等。但知识服务并不排斥以藏书建设、文献编目、文献检索、文献流通阅览为基础的传统服务，这些服务已不能体现图书馆的核心能力、标志性内容，只能作为辅助性服务来支持知识服务。

（三）应用知识管理理论改进图书馆人力资源管理工作

首先要打破传统的组织结构，建立柔性的、灵活的知识型团队。这是一种以知识的创建、传播与应用为出发点的由相互协作的个体所组成的群体，由资源建设、信息服务、技术支持与开发、管理等四个团队组成。资源建设团队负责信息资源的收集、整理，以及数字化转换、描述和加工；信息服务团队负责图书馆服务项目的设计与创新，为用户提供信息服务与知识服务，包括外借阅览、参考咨询、网络导航、用户培训等在内的信息服务和包含知识发现、知识挖掘、知识创新等在内的知识服务；技术支持与开发团队负责图书馆理论、新技术、新工具、新标准的研究与开发，系统设备的更新与维护，数据处理系统的升级与维护，数据的长期保存与安全保护等；管理团队负责规划、组织和控制本馆发展与建设的目标、步骤与进度，构建图书馆知识管理平台，促进馆员之间相互学习，协调馆际及部门间的关系，进行人事管理和财务管理。各团队之间应该是协调与沟通的关系，在图书馆中实现知识共享。

（四）加大人力资本投资，挖掘馆员潜能

人力资本投资是高中图书馆吸纳创新型人才的基础保障。人力资源既是投资的结果，又能创造财富，一方面是一种必需的消费行为，另一方面又具有高增值性。通过加大人力资本投资而形成高质量的合力资源是高中图书馆创新发展的基础。深挖馆员智能、体能，使馆员成为以数字化、网络化、智能化为特点的知识经济时代的全才。知识型馆员应具备以下基本能力：①能够识别、捕捉、传播知识和信息；②能够处理、存储知识和信息；③能够从多种角度了解用户需求。

（五）营造高中图书馆文化及管理氛围

高中图书馆作为知识存贮与交流的重要场所，应当着力营造文化及管理氛围，提高图书馆人力资源管理效果。在图书馆内部创设能够促进学习、交流、积累、创造和应用知识的环境，培养馆员自立、自强、进取、创新的精神，使馆员积极为图书馆的知识创新、知识积累和知识服务贡献自己的力量。

1.组建学习型组织

营造学习平台可促使馆内成员共享知识与业务技能，形成一个能够让知识自由流动的环境，可以促进图书馆内部的知识流通与知识合作。通过学习新知识、相互交流、传授经验等方式，促进隐性知识的显性化和知识的共享，提高馆员获取知识的效率和效果，提高图书馆个体与整体的知识学习能力，增加图书馆整体知识的存量与价值，形成有利于知识创新的图书馆文化氛围。

2. 创新管理机制

高中图书馆人力资源管理应引入知识管理理念，变垂直管理为水平管理，在横向结构上打破壁垒，纵向结构上减少层次，将多层次、细分工的管理模式转化为分布式、扁平式的管理结构。这样便可弱化等级，实现平等参与，克服目标管理中存在的上下信息沟通不畅、信息失真甚至阻塞的弊端。这种管理模式有利于在图书馆内营造一种平等竞争的气氛，充分发挥人的积极性和创造性，实现隐性知识显性化，确保隐性知识资源的良性循环。

3. 完善激励机制

激励机制是指通过各种有效的激励手段，激发人的需要、动机、欲望，以调动人的积极性，提高人力资源管理的效率和效益。

尊重，即尊重人的兴趣、劳动方式、劳动成果、个人目标，这是激励馆员努力工作、积极向上、奋斗不息的基础。

激励，激励是人力资源管理的核心，既能激发馆员的干劲，又能吸引并留住人才。激励分为精神激励和物质激励两种形式，可调动馆员的工作积极性。

竞争，在高中图书馆人力资源管理制度规范下，馆员以公开、竞争、择优为导向进行良性竞争，以激发其进取心，确保图书馆良性发展。

参与，即馆员参与高中图书馆人力资源管理工作，使馆员产生主人翁意识和责任感，激励馆员发挥其主观能动性。

创新，即高中图书馆要建立知识创新的激励机制，营造鼓励创新、容忍失败的文化氛围，允许馆员将奇思妙想付诸实施。

第六节 高中图书馆行政管理

一、行政管理概述

行政管理，广义上是指利用国家权力对社会事务及自身内部进行管理的一种活动，也可泛指企业的行政管理工作。随着经济、教育和市政建设的发展，国家行政管理的范围越来越大，涉及社会治安、公共卫生、环境保护等领域。现代行政管理多应用系统工程思想和方法，降低人力、物力、财力和时间的支出和浪费，提高行政管理的效能和效率。行政管理的关键要素包括行政目标、行政决策、行政计划、行政组织、行政人员、行政经费等，具有阶级性、社会性、服务性、权威性、法制性、系统性等特征。

一是所有行政行为都是基于政府的权威。

二是根据国家法律实行政务的组织活动。

三是管理社会公共事务，执行阶级统治的政治职能。

四是注重效益，使政府既定目标得以最佳化，取得预期的社会效益。

五是行政管理作为一种特殊的社会变革活动，具有其发展的客观规律。

六是使用统一的行政管理体制，确保行政管理系统有效运转。

二、高中图书馆行政管理概述

高中图书馆行政管理是指图书馆行政部门依据国家有关法规所赋予的权力，为实现图书馆各项职能、任务和目标，对全馆工作组织的一系列综合管理，主要包括图书馆行政工作部门的建立，开展对各项管理的组织，以及人事、劳动、财务、后勤、保卫等管理工作。

行政管理是高中图书馆工作的一个关键环节，是高中图书馆经营活动、读者工作的调节中心，也是高中图书馆开展各项工作的基础保障。

（一）高中图书馆行政管理的特征

高中图书馆行政管理具有强制性、导向性、凝聚性等特征。

1.强制性

高中图书馆行政管理多沿用传统管理方式，主要由政策、法规、制度及管理体系组成，具有一定强制性，缺乏激励和竞争机制。

2.导向性

我国高中图书馆整体发展规模和水平存在一定差异，外部环境、人员素质、设备条件等情况不同，需要依据本馆实际情况和发展需要规范行政管理工作。图书馆服务质量由馆舍环境、馆员素质、馆藏质量等因素决定。高中图书馆行政管理的核心是实现组织的目标和使命，因此具有明确的导向性。

3.凝聚性

一支稳定的图书馆行政管理队伍必然具有极强的团队凝聚力，既能让馆员实现自身价值也能达成组织发展目标。

（二）高中图书馆行政管理的基本内容

1.人员管理

人是生产力中最积极、最活跃的要素，也是行政组织的主体、核心。行政组织是由不同专业、水平和年龄的人按照行政组织的目标、职能组合起来的组织，管理的对象是人，人员管理水平极大地影响着行政管理效果。高中图书馆是文化教育、信息服务公共事业单位，其社会职责是通过提供文献信息资源及信息服务，提高文献信息资源使用率，其经营与服务应以

"人"为核心，全面提升工作人员的综合素养和职业操守，调动他们的积极性、主动性和创造力，这就需要进一步加强人员管理，主要做法：建立和完善学习体系，不定期地对职工进行政治、时事教育；加强员工职业道德修养，引导员工树立良好的人生观、世界观、价值观，发扬爱国、爱馆、爱书、爱学习、爱读者的"五爱"精神及敬业、爱业、奉业的"三业"精神；管理人员根据馆内实际情况，结合员工思想状况，有针对性地开展思想工作，帮助员工解决实际问题。

2. 规章制度

高中图书馆必须采用完善的规章制度及管理体系，促进行政管理科学化、规范化、精细化，这是图书馆整体工作有效落实的重要保证。高中图书馆规章制度应包括：馆、部、室的职责；各级管理者与工作人员的权利与义务；会议制度；各岗位工作细则、标准、条例；流通阅览、参考咨询、自动化手段规范；规章制度的管理与执行；考核、考勤奖惩办法。

规章制度是行之有效的行政管理手段，促使员工全力以赴地工作。建立健全合理的规整制度是高中图书馆实行科学行政管理的重要依据，也是图书馆改进工作作风、提高工作效率、加强队伍建设的有效措施，对本馆管理水平及员工素养的提高具有较大的促进作用。

3. 经费管理

经费是确保高中图书馆正常运转、开展各项工作的基本保障。图书馆经费管理的主要目的是通过合理配置图书馆人员、物资、经费等资源，为读者提供更加优质的服务。高中图书馆经费支出大致分为以下几类：文献资源购置经费、设备及材料经费、行政及业务经费、人力资源薪酬。其中，文献资源购置经费是图书馆生存的基础，是图书馆经费最重要的部分。高中图书馆可根据历年文献经费预算数据，结合本年度本馆实际经费情况、文献价格变动、馆藏资源结构变化，预估本年度文献资源购置经费，或分析各种影响因素，利用公式或模型定量分析本年度文献资源购置经费。

图书馆经费管理应注意以下方面：

一是提高经费管理意识，专款专用。

二是完善经费管理方法，严格控制购书数量。

三是合理配置人员和资源，引进专业人才，合理分配岗位，减少冗余馆藏。

4. 设备管理

高中图书馆自动控制系统是图书馆工作的重要支撑，在信息化、网络化时代要想提高设备管理水平，必须做到以下两个方面：一是培训专职设备管理员，充分调动管理员的工作积极性；二是定期维护设备，提高设备使用效率。

进入 21 世纪以来，我国教育事业快速发展，一些高中图书馆重视设备的管理和使用，已经构建了科学化、标准化、规范化的设备管理体系，同时积极引进优秀的专业人才，支持在职人员参加进修和培训，培养出一支技术骨干队伍。

5. 环境管理

环境反映了图书馆的面貌，也在一定程度上影响了工作人员及读者的心情。对馆内环境进行优化，既能塑造高中图书馆的良好整体形象，又能促进高中图书馆"两个文明"的建设。如何营造良好的阅读氛围，使读者在舒适的环境中用心读书，汲取心灵养分，接受文明的熏陶，是高中图书馆管理者需要着重考虑的问题，也是高中图书馆的工作目标。加强高中图书馆环境管理，首先要利用橱窗、黑板报、演讲会、报告会等宣传阵地的教育作用，大力推荐新书、好书，宣传好人好事、先进典型，以弘扬正气；其次是营造平等、和谐的沟通氛围，高中图书馆管理者、馆员、读者之间如果不能有效、顺畅地沟通，势必会对图书馆工作产生不利影响。

6.办公室管理

办公室是高中图书馆行政管理的中枢，是贯彻执行上级决策，承办各职能部门乃至下级部门转办事项等工作的部门，也是高中图书馆工作的"门面"与"窗口"。

图书馆办公室工作要注意以下方面：为管理者做出决策提供必要的数据、资料、方案支撑，落实上级决策部署；加强与各部门的联系，及时反馈各方面的情况和意见；及时总结政策执行情况，并上报给上级，对一些重要的事项，也要通报给馆内的工作人员；公务接待、安全检查、工作检查等；转变服务理念，以读者为中心，以服务为主导，充分发挥图书馆社会职能。

三、高中图书馆行政管理的基本原则

（一）服务原则

高中图书馆作为一个以读者为中心的机构，其基础工作受到经费、物资、人员等多种因素的制约，而其中的关键就在于行政管理。高中图书馆行政管理要坚持以"以人为本"，以最快的速度、最大限度地满足图书馆的经营和服务需求。

读者是高中图书馆的服务对象，高中图书馆的一切经营活动都是以读者为中心，行政工作也是如此。如何调动高中图书馆工作人员的积极性、主动性、创造性，是高中图书馆管理者需要研究的问题。协助人力资源管理工作，是行政管理人员的责任，既要重视员工的专业素养培养，又要注意激发员工的工作热情，让他们在工作中无后顾之忧，满足员工各项合理需要，维护员工身心健康。

（二）效率原则

高中图书馆行政工作十分繁杂，要使行政工作更加高效，其流程必须科学化、制度化，既有章可依，又便于进行考评。

岗位工作责任制是提高行政管理工作效率的有力保证。高中图书馆应将行政岗位职责细化，对数量、质量、时间等指标提出具体的要求，一旦出现问题立刻进行问责。

（三）整体原则

高中图书馆行政管理部门应与其他部门充分沟通、协调，确保图书馆各项决策落实到位，使业务部门与行政管理部门形成一个相互促进的整体，以达成高中图书馆行政管理目标。行政管理是高中图书馆核心工作，能够充分发挥自身的管理作用，有效提升图书馆整体管理水平，其特点是具有较强的综合性、随机性。这就要求工作人员既要处理好日常行政事务，也要具备图书馆专业技术，及时获取和处理文献信息咨询，认真做好图书馆科研服务工作。

四、高中图书馆办公室管理与服务

（一）高中图书馆办公室的职能

1.规章制度建设

高中图书馆事业发展离不开国家及社会的支持。为了适应时代发展，图书馆行政管理部门应广泛吸收其他单位先进经验，不断更新完善规章制度；新的规章制度出台后，对落实情况进行评价、整改。

2. 资料信息收集

行政办公室在高中图书馆的管理体系中占有举足轻重的地位，配合业务部门开展馆际互借、资源共享、学术研究、参观学习等工作，承担引进先进管理经验、服务方法、服务内容的责任。

3. 当好馆长的助手

行政部门是与馆长有直接关系的部门，工作人员要转变传统的工作方式，充分利用馆员的辅助和顾问的角色，在管理层做出决策前，积极提出可行建议，决策推出后，主动落实决策并反馈执行情况。

4. 协调工作

高中图书馆的日常运作会产生诸多问题，必须由办公室进行协调和处理。行政工作人员在解决各种矛盾的同时，也要做好信息协调工作，以实现高效管理。同时，高中图书馆与社会的联系日益增多，工作人员必须掌握一定公关技能，积极参与对外交流与合作。

5. 后勤保障

后勤保障是高中图书馆办公室的工作内容之一，承担经费使用、物资供应、设备维护、固定资产管理等工作，保障图书馆正常运转。在经费使用方面，办公室工作人员应配合主管部门，根据本馆实际情况设计资金使用计划并合理应用经费。在物资供应方面，办公室工作人员按照工作需要，及时购置相关物资，做好会计核算。在设备管理方面，办公室负责日常的设备维护，若发现设备短缺问题，应向采购单位提出申请。在固定资产管理方面，合理规划图书馆空间布局，营造良好的阅读氛围。

五、高中图书馆行政管理制度

行政管理规定是高中图书馆正常运转的基本保障。在高中图书馆的管理和服务工作中，建立健全的规章制度是高中图书馆工作的重要环节。

（一）高中图书馆规章制度的作用

规章制度是高中图书馆工作人员与读者共同遵循的工作条例、章程、规则、细则、方法等，具备一定约束力。没有规则，就没有方法。实践表明，要提高高中图书馆管理和服务质量，就必须不断完善规章制度，这是图书馆开展各项工作、进行科学管理的重要依据。

在宏观层面上，高中图书馆的经营需要遵守国家及地方的法律法规，图书馆管理和服务工作若不从法律层面上予以保障，必然陷入盲目、被动的境地。高中图书馆行政工作则要遵守相关的规章制度。

规章制度详细规定了图书馆具体的行政和业务工作职责，反映了学校的办学方针，是图书馆行政管理的基本规范。

规章制度有助于图书馆工作人员直观地了解在本馆所拥有的基本权利和义务，能够帮助员工更快地适应新的工作环境，是图书馆行政管理的重要前提。

规章制度反映了图书馆工作人员在工作中的成功经验，也可以说是对工作的标准化处理。在长期的实践中，图书馆工作人员把自己的经验总结、提炼出来，最终形成各种各样的规章。

规章制度为高中图书馆工作提供了依据客观规律的指引。在评价高中图书馆工作时，应当按照客观情况来审查，以科学发展观为指导，以公正评议促进有效整改为手段，推进图书馆快速发展。

规章制度可优化高中图书馆行政和业务工作，保障图书馆正常运转。

（二）高中图书馆规章制度的种类和内容

高中图书馆规章制度种类繁多，内容广泛，涵盖了高中图书馆工作的

方方面面，可以从不同的视角对其进行分类。

1. 按适用范围划分

（1）适用于所有图书馆，如 1950 年 5 月中央人民政府发布的《禁止珍贵文物图书出口暂行办法》；1957 年国务院第 57 次全体会议批准的《全国图书协调方案》；1981 年国务院颁布的《图书、档案、资料专业干部业务职称暂行规定》。

（2）适用于某一类图书馆，如《中小学图书馆（室）规程》。

（3）适用于某一地区的图书馆，如《上海市公共图书馆管理办法》。

2. 按内容划分

（1）综合性制度。高中图书馆综合性制度包括行政管理、业务和政治思想等方面的综合性法规，是高中图书馆工作的总体指导方针。

（2）行政管理制度。高中图书馆行政管理制度主要包括：①高中图书馆组织管理制度，主要规定了管理机构、业务部门、网络机构的设置原则、部门名称、工作任务、职责范围、隶属关系、处理问题的权限及人员编制等；②高中图书馆岗位管理制度，包括各个部门的工作职责、工作要求、评价与奖惩方式等；③高中图书馆人员管理制度，包括人员的聘用、培训、考核、晋升等；④高中图书馆职称评审制度，按照专业技术职务评定和录用相关法律法规，结合本馆实际，规定业务技术职称考核方法、评审机构的组成、评审程序与聘用办法等。

（3）固定资产管理制度。高中图书馆固定资产制度主要规定了馆舍、职工住宅的使用、维修原则，以及物资设备的购置、保管、维修、使用原则等。

（4）经费管理制度。高中图书馆经费管理制度主要规定了经费筹措、经费控制、经费分配的方法。

第十章　网络环境下高中图书馆管理创新

第一节　网络环境下的高中图书馆管理转型

随着计算机技术的飞速发展，网络用户数量日益增加，全国各大科研机构、大学及信息中心相继组建了局域网络，使得图书馆文献资源不再局限于实体馆藏，还包括数字虚拟馆藏。对此，高中图书馆应改变传统的管理模式，在管理理念、管理制度等方面进行革新。

一、高中图书馆的新特征

海量的数字资源为图书馆资源的信息化、数字化发展提供了基本保障。网络环境下的图书馆可以提供超出本馆范围的资源服务，凭借数字技术与通信技术，各个图书馆之间能够实现互联互通、资源共享。图书馆不再是单纯的藏书地，而是以信息和文献为基础的多元化、综合型的服务机构。

传统的图书馆馆员主要从事基础工作，对知识、技能要求并不高。进入信息化时代，高中图书馆的读者借阅活动基本可以自助完成，因此馆员应提高信息素养，具有较好的外语水平，使图书馆在网络时代实现飞跃式发展。

二、传统图书馆管理中存在的主要问题

（一）管理方式落后

目前，许多图书馆的管理思想是"重藏轻用"，图书馆工作重心是馆藏建设，管理及服务方式均围绕藏书展开。图书馆只有重新定位、创新管理模式，才能提高管理水平，提升服务效果。

（二）缺少主动意识

图书馆传统的服务方式一般都是等读者上门，读者服务建立在文献信息资源上。由于在机制、经费、人员、设备等方面的局限，许多工作人员思想观念陈旧，缺乏主动服务的意识，简单地把图书馆看成图书借阅室。

（三）专业人才缺乏

图书馆工作人员的专业素养存在差异，受过图书馆专业、情报学专业教育的人才比例较低，不能完全满足读者对网络信息服务的需求，不能适应时代的发展。

三、网络环境下图书馆管理创新的重要性

当前，作为社会文献信息资源的主要提供者，图书馆在运作模式、资源获取和发展方式上受到了巨大冲击，必须进行管理创新。

（一）在信息内容上创新

网络信息部分地涵盖了图书馆收藏的文献信息。大量的时尚和新闻自媒体的存在，让热衷于追逐潮流和社会热点的读者离开了图书馆的阅览室，

而畅销电子书又会吸引到一些读者。至于以前靠从报刊的字里行间寻找信息的人员，现在更倾向于使用互联网查询信息。

（二）在技术手段上创新

网络媒体以其使用上的简单便捷的特点更能吸引图书馆的潜在读者，并争取一大批老读者。以某搜索引擎为例，输入主题词可以直接搜索，完全不同于在图书馆查询文献必须使用分类法、主题词及各种著录格式。

（三）在文献形式上创新

与图书馆所能提供的信息相比，网络信息更能满足多数普通读者的需求。高中图书馆读者都是寻求满足其学习、休闲、娱乐的需要。除文本信息外，网络信息还包括超文本、多媒体、超媒体信息，甚至可以与浏览者进行互动式的交流，所以读者更愿意通过网络查询来获得信息，尤其是易于接受新事物的高中生更是如此。互联网的发展对传统图书馆是一个挑战，应对这一挑战的办法是，把图书馆融入互联网，借互联网发展之势推动图书馆事业发展，实现图书馆文献信息资源共享。这就要求图书馆深入推进管理创新，提升管理水平和竞争能力。

四、网络环境下图书馆管理创新的方向

（一）从限时性、有址化服务向实时性、无址化服务转变

网络环境下，每个图书馆不再是孤立的，它已经超越了原有建筑物的界限，读者只要拥有一台联网的计算机，并且网络畅通，就可以不受图书馆开馆时间、图书馆地物理位置和需要办理借书证等的限制，能随时随地查询、检索、浏览并利用图书馆的信息资源。所以图书馆应利用网络优势，

不受时间和空间的束缚，主动联络组织自己的用户群，利用网站服务读者大众，利用网络视频会议系统服务集体用户，利用电子信箱直接为个别用户提供信息服务。

（二）从前台式服务向幕后式服务转变

图书馆实行网络化管理后，为读者服务的方式不再局限于人对人、面对面的书刊借阅、情报检索及读者教育，新增加的远程服务即人机交流的服务方式，使读者可以在自己的家中或办公室享受图书馆提供的各项服务。这种远程服务使图书馆工作人员从前台退到了幕后。所以图书馆应由过去的坐等用户上门转变为主动通过网络向用户发布信息，用制作精美、内容丰富的网站吸引读者关注，靠提高网站的知名度来提高访问率。

（三）从局域性对象服务向社会化对象服务转变

受馆藏、地理位置及建筑规模和人员编制的限制，高中图书馆的服务对象一般局限于本学校，而网络的发展打破了这些限制。图书馆应扩大服务规模，让更多的人享受图书馆的服务。例如，2021 年"川渝阅读一卡通"项目启动，重庆居民可凭社保卡在重庆主城九区公共图书馆及四川省图书馆、成都图书馆享受入馆、阅览、通借通还等服务，重庆公共文化服务不断提档升级。

（四）从印刷载体型服务向共享信息型服务转变

长期以来，藏书数量被当作评价图书馆的唯一标准。传统图书馆主要是根据读者的阅读需求，直接为读者提供馆藏文献，且有数量限制，一册文献只能被一个读者借阅。而在当今网络环境下，印刷品已不再是图书馆收藏的单一信息载体，图书馆的收藏内容及载体形式变得丰富多样，如同信息集散地和加工厂，藏书量由有限扩大到无限扩大，分为馆藏资源和网络资源两大类。读者可以通过网络随时随地获取所需信息，且所得到的信息只是原信息的复制品，不存在由于多人共同使用而发生借阅冲突的问题。

评价图书馆的重要因素变成资源获取能力、资源开发能力和服务能力。这就要求图书馆由以藏为主向以资源建设为主转变，由馆藏建设为主向资源开发为主转变，为读者提供深层次和全方位的服务。图书馆应充分发挥自身文献优势，将馆藏文献数字化，即利用现代数据库技术手段将印刷型馆藏文献转化成数字型网络信息资源，加强信息资源建设，为图书馆开展特色化信息服务创造条件。

五、网络环境下图书馆管理创新的策略

为了进一步发挥高中图书馆在社会主义物质文明和精神文明建设中的重要作用，图书馆管理者必须克服重藏轻用的思想，将满足读者的阅读需求、提高馆藏资源利用率作为经营图书馆事业的指导思想。网络环境下的图书馆是读者的信息共享空间、学习共享空间，面向读者提供文献信息资源、文化交流、阅读推广等服务。读者除了查找与借阅文献外，还希望在图书馆体验多元化的服务。

（一）在理念上转型

网络环境下，知识和信息成为生产力要素，部分代替了物质和资金投入，支撑起图书馆读者服务工作。图书馆管理者要站在读者的立场创新管理模式，将为教学、科研提供服务和社会经济活动结合起来，变文献资源"以藏为主"为"以用为主"，形成资源共享、全方位开放的新格局。

（二）在体制上转型

图书馆应创新管理体制，增加网络文献搜集与整理、馆藏文献数字化、网站建设及维护等部门，改革读者教育方式，原有部门如图书采编、典藏、阅览等也要根据实际需要做相应调整。图书馆各部门、员工都要充分履行自己的职责。

（三）在内容上转型

图书馆在做好传统文献信息服务的同时，更要做好网络信息服务，以最快的速度、最便捷的方式为读者提供国内外文献信息，开展网上预约、催还、续借和馆际互借服务；通过馆内局域网发布新书推荐；建立多媒体阅览室，通过局域网、广域网、互联网提供信息资源导航服务；优化参考咨询服务，有效组织网络信息资源，以便读者获取所需的信息。以重庆市渝中区图书馆为例，为了办好 2023 年"重庆市全民阅读月"活动，营造多读书、读好书、善读书的良好氛围，进一步树立和提升"书香重庆"形象，打造和唱响"书香重庆"品牌，渝中区图书馆组织开展了"打卡一路书香"活动。活动以阅读驿站、社会合作分馆、直属分馆、24 小时城市书房为代表，分成两条打卡线路，设置了 6 个点位，包括渝中区图书馆、穿楼图书馆、大坪购书中心等，市民在打卡点扫码打卡，能享受消费折扣，还能得到精品图书或文旅产品。

（四）在服务手段上转型

伴随着计算机技术、网络通信技术和多媒体技术的迅速发展，图书馆传统的服务形式和手段已逐渐被电子化、多媒体化的方式和手段所取代。在现代读者服务工作中，我们应采用前沿技术，如计算机技术、网络技术、办公自动化技术、多媒体技术、声像技术、光盘技术、软件技术、复制技术、翻译技术和人工智能技术等，逐步实现服务手段的自动化，从而突破馆藏限制，综合开发网络资源，为读者提供便捷的"非到馆服务"。

（五）在服务素质上转型

读者服务工作是高中图书馆所有工作的出发点。网络环境下，馆员必须具有扎实、全面的核心专业能力，才能充分发挥图书馆文献信息资源和技术设备的作用，游刃有余地为读者提供优质服务。

管理改革与创新任重道远，图书馆人应发扬与时俱进精神，敏感地捕捉图书馆变革的新形式、新动向，积极开拓进取，勇于创新实践，结合网络环境下读者服务的特点，有效地提高网络资源的利用率，真正做到"读者第一、服务第一"。

网络环境下，数字化图书馆的发展对图书馆馆员提出了更高的要求。除了爱岗敬业、充分认识到图书馆事业的价值之外，馆员还要具有较强的专业技能及创新思维能力。图书馆应定期进行全馆业务培训，提高馆员信息素养，强化馆员终身学习意识，充分发挥馆员的特长，使馆员的业务能力与知识水平不断提高。

第二节　网络环境下的高中图书馆书库管理与服务

高中图书馆作为高中师生学习、阅读、休息和科研的重要场所，同时也是信息传播和信息交互的场所，对于高中各项工作的开展具有重要的促进作用。随着社会的不断进步，高中图书馆传统的管理与服务模式已经无法满足新时期读者的需求，严重制约了图书馆的发展。故此，在网络环境

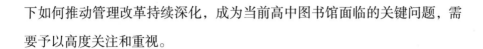

下如何推动管理改革持续深化，成为当前高中图书馆面临的关键问题，需要予以高度关注和重视。

一、高校图书馆书库管理与服务

在网络环境下，高中图书馆作为广大师生获取文献信息的场所之一，其书库管理模式较之传统图书馆存在明显差异，主要表现在以下几个方面。

（一）传统图书馆书库管理与服务的特点

载体单一化。高中图书馆馆藏较为丰富，包括书籍、期刊和报纸等，尽管馆藏量较大，但是文献信息大部分是被纸质媒介存储，文献存储、借阅和传播等方面受到限制，在一定程度上影响了馆藏利用率。

借阅率较低。传统高中图书馆日常书库管理工作中，书库管理人员承担着重要的责任，读者想要快速地获取信息，找到自己满意的图书，需要书库管理人员的帮助和引导，这种方式导致很多读者无法直接面对图书馆资料，难以满足实际阅读需求。

服务效率偏低。尽管当前高中图书馆对于书库管理人员设置了考核指标，要求书库管理人员定期向读者推荐书籍，同时还要帮助读者找书，但是接待的读者数量和借阅数量并不高，服务效率偏低。

（二）网络环境下图书馆书库管理与服务的特点

载体多元化。网络环境下文献信息载体包括：印刷型文献，以纸质材料为载体，以印刷为记录手段而形成的文献形式；缩微型文献，以感光材料为载体，以照相为记录手段而形成的文献形式；声像型文献，以磁性和感光材料为介质记录声音、图像等信息的文献形式；数字型文献，以计算机处理技术为核心记录信息的文献形式。高中图书馆书库管理方式有待进一步完善，以适应图书馆事业发展。

借阅自动化。信息技术促进了高中图书馆传统借阅机制的变革，读者可以在较短时间内完成借阅，找到自己需要的书籍，降低书库管理人员工作量，切实提升图书馆文献信息资源的利用率。读者可以借助联机书目查询系统查询馆藏情况和书目信息，也可以查询自己的借阅记录，包括借阅书籍名称、借阅时间、归还时间和借阅数量等，有效节约了时间。

管理精细化。为了更好地满足读者的借阅需求，消除传统管理存在的弊端，高中图书馆引入图书管理系统，基本功能包括书目管理、读者管理、借阅管理等，使书库管理日渐精细化，提升了图书馆服务质量。图书管理系统避免了工作人员手动管理文献信息资源存在的人为误差问题，提高了信息资源共享效率。

二、高中图书馆书库管理创新的必要性

网络环境下的高中图书馆书库管理较之传统的图书馆书库管理具有显著优势。传统书库管理工作量大，主要是图书资料的购置、编目、分类和上架，对于管理人员专业素质并未提出明确要求，管理模式较为简单。而在网络环境下，信息资源极为丰富，这就对新时期图书馆书库管理方式提出了新的要求。高中图书馆只有创新管理模式，才能满足读者日益多样化的阅读需求，推动图书馆事业高质量发展。

创新是发展的不竭动力，高中图书馆通过规范化管理极大地提升了服务质量，为读者提供更加优质的图书馆服务。

三、网络环境下书库管理创新面临的挑战

为了满足学校建设及读者阅读需求，高中图书馆必须完成从传统图书馆向数字化图书馆的转变。当前，高中图书馆的文献信息收集、处理、存储和传播方式发生了不同程度的变化，管理信息化必将成为图书馆未来发展过程中的新形态。网络环境下，高中图书馆书库管理工作广泛应用信息技术，既满足了读者多样化的借阅需求，也为图书馆事业发展带来新契机。

信息技术深刻地改变了人们的学习和工作方式。人们对互联网的依赖程度越来越高，更加倾向于获取和阅读网络信息资源，传统图书馆的吸引力下降，其地位受到严重冲击，这是当前高中图书馆建设和发展面临的问题，管理者需要高度重视。

我国高中图书馆管理与服务缺乏明确的评价标准，难以满足新时期图书馆事业发展的需求。如果高中图书馆无法与时俱进地创新管理模式，必然无法适应时代发展。

由于网络具有开放性、虚拟性等特点，用户可以在不同时间和空间连接到互联网中，这也为高中图书馆埋下了安全隐患。高中图书馆数字化和信息化建设不可避免地会出现安全问题。例如，高中图书馆运用云计算技术存在侵犯知识产权的风险，如果受到不法分子的攻击则可能导致重要数据信息被破坏或丢失。故此，我国高中图书馆需要加强安全管理工作，为书库安全提供坚实保障。

四、网络环境下书库管理创新策略

根据网络环境下高中图书馆书库管理与服务的特点和要求，图书馆管理者应从人员培训、读者教育、图书管理等方面加强和改进图书馆工作。

（一）从强化服务意识入手，提升员工业务能力

提高书库管理人员的综合素质，应当从强化服务意识入手，定期开展业务培训，提高管理人员的综合素质和工作能力。

强化服务意识。高中图书馆必须进行职业道德教育，使书库管理人员牢固树立"读者第一、服务至上"的核心价值观，以"师生满意"为服务目标，了解师生实际需求，分析师生借阅行为，不断提高业务能力。

重视业务培训。高中图书馆在引进热爱图书馆工作、有业务专长的人才的同时，必须高度重视对书库管理人员进行培训，如图书馆管理系统操作能力培训、图书分类法讲解、图书排架能力培训、工作人员服务意识培训等，使书库管理人员掌握多种技能的运用技巧。通过不同内容和不同层次的业务培训，书库管理人员对图书馆工作方式有了更深的了解。

建立"走动式"服务模式。网络环境下的书库实行开架借阅，减轻了管理人员的劳动强度，使管理人员有更多的精力和时间与读者深度沟通。因此，高中图书馆应建立"走动式"服务模式，要求管理人员及时发现书库出现的问题，随时解决问题，掌握师生的不同需求，在读者借阅服务中做到"三个主动"，即主动问好、主动解答、主动引导，加强和改善咨询、导读、宣传、推荐等书库基本职能，充分展示管理人员良好的综合素质。因为很多读者并不懂图书分类法和文献分布情况，而"走动式"服务模式便于读者了解图书馆资源与服务，以及快速、准确地索取文献信息资源。书库管理人员不仅是书籍的管理员，还应该是读者的图书导读员。

（二）从新生入馆教育入手，提升读者阅读素养

阅读是我们获取信息、习得知识的重要手段。高中生阅读素养影响着国家和民族的未来，强化高中生阅读意识、提升高中生阅读能力具有重要

的现实意义。新生入馆教育是新生入学教育的一部分，旨在引导新生了解图书馆的资源与服务，自觉遵守书库管理制度。

图书馆馆员围绕馆藏布局、藏书分类、架位管理、借阅规则等方面进行介绍，引导学生养成良好的阅读习惯。将新生入馆教育长期坚持下去，新生变成老生，会给书库开架工作带来极大便利。

从图书馆书库管理的角度思考，就会发现馆藏资源与读者需求之间，以及读者群体利益和个体利益之间，存在着诸多矛盾，图书馆采用管理制度就是为了更好地完成图书馆的责任与使命。图书馆管理制度通常包含对读者的限制，如借阅数量限制、借阅时间限制等。高中图书馆书库在为师生提供人性化服务的同时，必须正确处理管理与服务的关系，将两者有机地结合起来，在服务中提升管理水平。

（三）从提高文献质量入手，有效管理馆藏资源

高中图书馆应从提高文献质量入手，对图书馆藏书实施有效管理。

一是采用三线典藏制布局。从一些高中图书馆的实际情况来看，三线典藏制能够节省读者浏览时间，降低图书馆管理成本，其构成为：分类号＋著者号／登录号。

如该藏书在一线书库时，采用分类号与著者号相配，将同著者的同类藏书集中在一起。由于一线书库的藏书数量有限制，分类号又采用了较细的分类，排架、整架、取书、归架都比较快捷，也便于读者借阅。

当该藏书转到二线书库时，则采用分类号与登录号相配，这时登录号起到种次号的作用，便于取书与归架，并能够从登录号排序上直接了解该书的复本量，为提取藏书提供了直观的、可靠的依据。

当该藏书转到三线书库后，由于较少被利用，则可仅用登录号进行排列，既节省书库空间又避免排架工作。三线典藏制最大的特点是灵活适应

不同情况下藏书排架的需要，克服了基本书库、辅助书库、专门书库使用同一种编目的刻板模式，解决了图书分类目录与分类排架之间的矛盾，实现了图书在一线、二线、三线书库之间不同排架方式的转换，并能够区别不同书库、不同类型灵活布局。

二是采用新书专题排架法。新书专题排架法是按照出版内容时效性强、借阅量大、流通频率高等特征，把部分专题图书分别集中排架的方法。如高中英语考试用书、教师参考书等热门书籍。以上书籍采用明显的标示牌集中专架陈列，方便读者进行纵向、横向比较，挑选出最适合自己的图书资料，用最少的时间和精力获得最有用的信息。新书专题排架法，可避免大面积开架藏书中过分依赖分类号、书标等内部处理标记的作用，找架、排架速度极快，不仅可以节省读者找书和工作人员上书的时间，而且也便于书库管理人员直观地了解几种热门图书的借阅量，按照藏书的实际流动程序研究馆藏特点和读者的借阅需求。

三是优化组合、规范管理。根据实践经验，提高文献质量可从以下方面着手：首先，对所有图书著录和计算机著录进行核对，确保图书著录和计算机著录信息一致，方便读者查找；其次，定期更换不清楚和旧的图书标签；再次，每天检查图书排架，避免出现乱架、混架现象，确保各类图书及时放置到合理位置；最后，分组相互检查，根据馆藏特点，把流通量较大的几类图书排架与流通量相对小的图书排架进行组配。

通过广泛应用信息技术，图书馆改善了传统管理模式的缺陷和不足，推动书库管理与服务创新，有利于图书馆事业长远发展。

第三节 网络环境下的高中图书馆期刊资源管理与服务

期刊作为一种集知识性和学术性为一体的文献资源，充分反映了当今政治经济和科学技术的前沿动态和发展趋势，具有知识新颖精湛、信息含量高、学术价值大、内容广泛、时效性强等特点，是图书馆馆藏资源的重要组成部分。随着计算机的普及和科学技术的不断发展，计算机网络技术在便利了图书馆期刊管理的同时，也使图书馆期刊资源管理工作面临着很大的挑战。因此，在网络环境下，作为图书馆期刊资源管理人员，必须适应网络和信息时代的发展需要，充分利用网络信息平台加强期刊资源管理，提高期刊文献资源的利用率。

一、期刊资源的类型与发展趋势

（一）期刊资源的类型

期刊作为一种连续出版物，具有出版周期短、时效性强、信息量大等特点，是宣传最新情报、反映最新科技动态的较好的信息载体。在信息化环境中，图书期刊类型发生了很大变化，产生了电子期刊。

电子期刊资源主要分为两类：一是普通电子期刊，主要指以电子方式存贮信息的，以软盘、光盘等为载体出版发行的期刊；二是网络电子期刊，指利用网络出版发行的电子期刊，包括将纸质期刊数字化的商用电子期刊数据库（如清华同方的中国期刊全文数据库），以及网络上免费使用的电子期刊。

（二）期刊资源类型差异

1.载体差异

以光介质、磁介质为载体的电子期刊，具有存储信息容量大、体积小、便于移动等特点，但是存储的信息易受病毒、磁场、电磁脉冲等的侵害，加之计算机硬件及软件的更新换代频繁，容易给未来读取电子期刊造成障碍。相比而言，纸质期刊容量小，占用空间大。

2.检索差异

电子期刊检索方便、快捷、准确、查全率高。例如，在中国知网利用关键词、篇名、作者、摘要、刊名等多个途径，几秒钟即可检索到从 1979 年至今的所有文章，利用本文的相关文献链接可检索到相关文献、相关研究机构、相关文献作者等大量信息。相比而言，纸质期刊检索一般是利用年终期刊的总目次检索和报刊索引，检索花费时间较多，且查全率低。

3.时效差异

通常情况下，电子期刊的出版时间滞后于同类纸质期刊 2~6 个月，这主要是期刊的出版技术和一些人为因素决定的。

（三）网络环境下期刊资源的发展趋势

电子期刊检索方便、快捷、准确、查全率高，可供多人同时使用，收费的电子期刊价格较同类印刷期刊低，且网络期刊很多是免费的，读者可以在任何时间、任何空间使用网络期刊。电子期刊以纸质期刊无法比拟的优势迅速占领期刊市场。但大多数人习惯于阅读纸质期刊，纸质期刊具有不需要任何设备即可阅览和便于携带、方便阅读的优点，而且最新的科研成果和学术研究的动态也最先登载在纸质期刊上，正是这些特点使得纸质期刊不可能完全被电子期刊所取代。目前，电子期刊全文数据库中收录的期刊品种由制作者单方决定，使得图书馆不得不同时购买多个数据库才能满足读者的需求，而各个数据库中的期刊往往存在重复收录的情况，无形中增加了订购经费。另外，电子期刊全文数据库中每年都可能有一些期刊注销或撤出，或不再提供新的内容，造成收录期刊不连续，这些均是电子期刊发展需要不断改进的不足之处。鉴于两种类型的期刊各自的特点，它们会形成优势互补、和谐并存的局面，期刊资源已经形成多元化的趋势。

二、期刊资源的建设与开发

（一）适时调整期刊资源结构

图书馆应结合本馆实际、读者需求、资源特点优化期刊资源，合理安排纸质期刊和电子期刊的馆藏比例，使不同存储载体和传输介质的期刊资源得到合理配置。具体而言，各类索引、文摘类数据库宜购买数字化产品，提高纸质文献的阅读率和其他文献的检索率，即提高文献的利用率。

（二）建设本校特色期刊资源

整合图书馆特色馆藏，特色馆藏不仅有助于提高馆藏质量，满足读者多元化的阅读需求，还能将图书馆建设成为本地区的文献信息中心。图书馆特色和专题期刊资源的建设应统筹规划，为学校及区域文化建设提供丰富的文献信息资源。

一是根据图书馆馆藏建设目标，明确期刊资源的收藏范围，全面、系统地收集与之相关的期刊信息资源，并进行整理、加工，从而形成系统、完整的特色数据库。

二是借助网络平台，将读者需求与重点收藏相结合，建设具有鲜明特点的虚拟馆藏数据库和期刊信息资源收藏库，并将馆藏资源数据库及相关应用软件集成到信息管理平台上，形成专业数据库中心，以充分满足读者的信息需求。

以深圳市福田区图书馆为例，截至 2022 年，该馆现有馆藏图书 40 余万册、声像资料 7 万余件、报刊杂志 2000 余种。同时建立了福田区数字图书馆阅读服务系统，拥有电子图书 125 万种、电子期刊近 40 万种，提供读秀知识库、超星电子书、CNKI 学术期刊、博看电子期刊、维普考试资源、新东方多媒体学习、维普考试题库等数据库的阅读、查询和下载服务。自上线服务以来，每年有超过 40 万人次通过该馆网站访问中国知网数字资源库。[①]

（三）深入挖掘电子期刊资源

在网络环境下，用户可以获得丰富的期刊资源，但同时也面临着一个难题，就是信息量的激增，用户在浩如烟海的信息海洋中很难找到自己所需的信息。因此，高中图书馆可根据读者的需求、教学需求和社会发展需要，对特定领域内的电子期刊资源进行系统挖掘和加工整理，使之有序化，便于读者查找。

当前，国内外期刊种类繁多，文献数量巨大，任何一所高中图书馆都不可能依靠自身力量将所有期刊收藏完整，抛弃期刊资源建设"小而全"的传统思维定式和习惯做法成为必然。因此，馆际期刊资源交流、共建共享就成为补充期刊资源的一个很好的手段。一方面，相互补充提高文献资源的利用率，另一方面节约各高中期刊资源建设的资金投入。

---

① 福田区图书馆.福图简介 [EB/OL].[2023-06-28]. https://www.szftlib.org.cnpageabout.html.

三、期刊资源结构及发展现状

（一）馆藏期刊资源结构

随着数字化期刊文献的大量出现，网络环境下图书馆期刊资源结构发生了明显的变化，彻底打破了传统图书馆单一封闭的模式，"物理馆藏"与"虚拟馆藏"相互并存，读者不受时间与空间的限制，从电子出版物、多种数据库中方便、快速、及时地获取丰富的期刊资源，以满足自己的知识信息需求。同时，图书馆期刊工作方式及职能也发生了较大变化，期刊工作不再侧重于期刊的采购、加工、典藏及流通，而是注重期刊资源的多头采集，建成以计算机集成管理系统为核心的联机编目馆藏期刊数据库，直接对期刊信息进行分类、索引及深加工，有助于图书馆期刊资源的传播利用。

（二）馆藏外文期刊资源不足

长期以来，期刊的采集是国内各图书馆资源建设的重要环节，尤其对外文原版期刊的订购尤为重视。但是随着国外期刊价格上涨，加之人民币与外汇兑率的变化，国内外文期刊订购价格也随之增加，而图书馆的经费增长却非常有限，各大图书馆只能压缩期刊的订购数量，逐渐停止对核心期刊的大量订购，外文期刊订购量逐年减少，导致各大图书馆馆藏外文期刊文献资源不足，影响了图书馆期刊资源建设质量。

（三）电子、网络期刊被广泛应用

随着数字化全文检索技术的进步及数据检索系统的进一步完善，数字化信息传输和利用领域有了较大的拓展空间，电子、网络学术期刊如雨后春笋般大量涌现。加之电子、网络学术期刊集图、文、声、像功能于一体，具有检索方便快捷、内容更新及时、传播流通广、交互性强、出版周期短、易于实现资源共享等特点，深受专业学术人员的青睐，电子期刊数据库得到广泛应用，成为各大图书馆馆藏资源不可或缺的组成部分。

四、期刊资源管理措施

从高中图书馆期刊工作现状来看，图书馆要想完全实现传统期刊资源管理模式向计算机网络化管理模式的转变，承担起文献信息中心的重任，必须借助互联网优势，加强期刊资源管理。

（一）树立馆藏新理念

网络环境下高中图书馆的信息资源既包含了现实中的实物馆藏，又包含了通过计算机网络技术获取的虚拟馆藏。随着网络信息技术及存储技术的不断发展，电子期刊、多媒体光盘数据库成为期刊资源必不可少的组成部分，电子期刊与纸质期刊将长期共存互补。因此，高中图书馆要树立馆藏新理念，在运用网络信息技术及硬件设施条件的基础上，根据图书馆期刊数字化、网络化建设的需要，积极引进各种数字化期刊馆藏文献，加强期刊信息资源建设，通过对电子、网络学术期刊资源的搜集、整理、开发和深加工，将虚拟馆藏与现实馆藏有机结合起来，实现期刊载体形式的多样化，以充分满足读者的信息需求，避免浪费资源。

（二）合理选购电子期刊

期刊采购是高中图书馆馆藏资源建设的关键环节。在采购期刊时，要注意以下方面：

一是根据图书馆实际情况及特色，合理选购电子期刊，适当调整期刊复本量，避免出现纸质文献与电子文献重复采购及资源浪费的情况；二是深入调查和研究读者的阅读需求，有计划、有针对性地选购电子期刊；三是确定图书馆期刊采购重点，构建具有特色的馆藏体系。

（三）积极开展馆际互借

伴随着网络信息技术的迅速发展，信息需求量急剧上升，实现信息资源的共建共享已成为图书馆发展的必然趋势。任何一个图书馆若单纯地依靠自身力量，是难以将各类期刊文献收集齐全，难以满足读者多元化的信息需求的。因此，在网络环境下，图书馆还需借助外力，通过共建共享的方式开发期刊信息资源，减少期刊信息资源的重复和浪费，提高期刊信息资源的利用率。首先，各大图书馆要树立协调意识，摒弃"各自为政，相互封闭"的做法，加强馆际间合作，充分利用各自馆藏的特色期刊与服务，实现资源互补和共享；其次，统一标准规范，联合编制期刊目录协调订购，建立区域性电子期刊、网络期刊信息目录，积极开展网上馆际互借，让读者在统一编目数据库中检索出馆藏书目信息，索取到所需信息资源。

五、期刊资源服务策略

网络环境下，读者对期刊信息的需求逐渐向多样化、纵深化发展，传统的服务模式已难以满足读者的需求。高中图书馆要想加快建设步伐，必须由提供传统服务转向提供网络信息服务，加大期刊服务创新力度，提高服务质量和服务水平。

（一）从文本化向网络化转变

纸质期刊作为图书馆馆藏资源的重要组成部分，一直以来都是图书馆期刊服务的主体资源。然而，纸质期刊资源在长时间的传阅中容易破损，加之受经费限制复本量较少，若不慎被破坏或丢失，影响了期刊的流通，难以充分满足读者的知识和信息需求。因此，在网络环境下，高中图书馆要将期刊服务资源由文本化转为网络化，在发挥纸质期刊作用的同时尽量提供数据库、光盘、信息增值服务，以提高期刊文献资源的利用率和读者满意度。

（二）从手动化向自动化转变

由于传统的期刊目录以书本式目录和卡片式目录为主，读者在检索所需文献资料和线索时，往往通过手动操作完成。这种人工服务不仅查全率低、检索速度慢、耗时长，而且易受时间和空间的双重限制，难以达到预期效果。网络环境下的期刊目录多为机读目录，通过计算机网络即可检索出来，更重要的是该检索方式既方便快捷，查全率和查准率又高，加之检索渠道和途径较多，检索时不受时间和空间限制，读者可随时随地检索所需文献资料。图书馆要不断创新期刊服务手段，将传统低效的手动操作方式转变成高效快捷的自动化服务方式，变单一检索点的线性检索为多检索点的逻辑检索。

（三）从局部向全面转变

高中图书馆的服务对象是学校师生，他们需要图书馆提供参考和借还、咨询、查询等服务，希望不受时间和空间限制，能够自由快捷地检索、查阅自己所需的信息，而传统图书馆期刊服务难以满足这个要求。因此在网络环境下，图书馆要借助网络信息平台，拓宽期刊服务范围，由局部向全面转变，为读者提供时间、空间、内容、手段等全方位的开放式服务，满足读者多样化的信息需求。

第四节　网络环境下的高中图书馆阅览室管理

随着计算机和通信技术的飞速发展，人们获取和传递信息的速度也日渐加快，这就要求图书馆必须改变传统的服务内容、服务手段和服务方式。电子阅览室的建立可以满足读者对信息的多样化、及时性需求，为读者提供更高层次的信息服务，促进了图书馆数字化、网络化信息环境的形成。电子阅览室是利用计算机、通信、网络设备等为读者提供利用电子文献的场所，是图书馆事业向自动化和网络化发展的产物。电子阅览室集计算机、网络、操作系统及各种软件于一体，为读者提供机读型（数字化）和印刷型文献的检索与浏览。

一、电子阅览室的建设

网络环境下，高中图书馆信息服务将跳出传统图书馆以文献服务为重点的框架，提供全方位、多元化的信息服务。电子阅览室是图书馆信息交流的网络平台，是为教学和科研提供最优质服务的重要场所。其初衷就是利用现代化技术提高服务工作的质量和水平，为读者提供全方位、多层次、多载体的文献信息服务，同时也是全面提升图书馆服务质量的重要内容。因此，需要注重以下几方面的建设。

（一）提高工作人员素质

作为高中图书馆，提供高效优质服务的前提是建立一支高素质的人才队伍。对于电子阅览室，工作人员应具备较好的网络检索、信息分析等能力，能对读者进行指导。为此，图书馆定期开展馆员培训，内容包括信息检索方法、系统及网络管理、服务意识等，还由此产生了系统管理员等专门的工作职位。

（二）开展读者培训

读者培训是一项比较繁重的工作。读者想在网上查找所需资料和信息，除了要掌握一定的计算机网络知识外，还掌握文献检索技巧，因而指导高中生高效利用电子阅览室的信息资源、提高学生获取和处理各种信息的能力，是图书馆工作人员的一项重要职责。高中图书馆应定期开展读者培训，介绍图书馆馆情、规章制度、机构设置、文献检索等内容；针对学校师生的学习及教学、科研需要，重点培训数据库检索和内部资料查阅技巧。

（三）建立高质量的图书馆官网

图书馆官网代表着图书馆的形象，高质量的官网能为读者提供更优质的服务。图书馆官网导航栏包括读者指南、新书通报、电子资源、联机检索、读者留言、网络导航、超期通告等内容，根据学校特色和读者兴趣，收集网络资源，编制专题链接。同时，图书馆还可建立镜像服务器，合法备份网络信息，供读者取用。图书馆电子阅览室在建设电子资源时既要注重特色服务项目的建设，又要注重网络资源的科学管理，保持本馆鲜活的生命力。

二、电子阅览室的管理

科学管理是电子阅览室运营的基础，如果没有科学的管理方法，即使设备再先进、信息资源再丰富，电子阅览室也无法全方位地发挥作用。图书馆电子阅览室管理需要注意以下方面：

（一）建立健全规章制度

电子阅览室与传统文献阅览室不同，它的服务是以电子设备为基本条件的，由于公用的性质给管理带来一定难度。为了充分发挥电子阅览室的优势与作用，确保电子阅览室工作正常有序运行，图书馆在电子阅览室启用时就制定了《电子阅览室工作人员岗位职责》《电子阅览室检索阅览规则》《电子阅览室设备管理制度》和《电子阅览室安全规则》等规章制度。这些制度的制定，保证了电子阅览室在安全范围内有规可循。另外，对于违规者以教育为主，惩罚为辅，采取"以人为本"的管理模式。

（二）加强读者管理

读者进入电子阅览室必须先出示借阅证，根据读者自己的需要，首先在自己借阅证号里存入几元或十几元钱，然后领取上机牌，操作人员根据读者的需求安排相应的电脑工作站进行操作。如读者人数多而工作站不够时，则采取限时使用，一般限时在两个小时以内。为维护电子阅览室整洁、安静的良好环境，读者进室必须衣冠整洁，不能在室内吸烟、吃东西、大声喧哗，如收听有声读物要戴耳机；必须爱护、小心使用公共财物，如电脑设备、家具、光盘等，若故意损坏，则加倍赔偿；不得浏览淫秽、不健康内容的网络资源。当读者在计算机操作过程中，碰到什么问题，工作人员会当面解决。读者操作完毕，持上机牌到接待处，待工作人员检查设备完好后，方可离室。

三、期刊阅览室服务管理创新模式

（一）服务创新

网络环境下的期刊管理工作者必须清醒地认识，要对高中的读者提供多层面、高水平的期刊资源的服务仅靠纸质资源已远远不够，必须依托强大的网络电子资源作为支撑。因此，必须彻底改变传统的期刊阅览室只进行纸质期刊服务的观念，融入电子期刊的服务，把电子期刊服务，特别是电子期刊资源的参考咨询服务，纳入期刊阅览室常规的工作范围。

1.加强对期刊资源的宣传工作

期刊信息服务的出发点和最终目的是对期刊资源充分加以开发、传播，被读者充分利用。据我们了解，目前，尽管高中图书馆的期刊资源，特别是电子期刊资源已非常丰富，并逐步被广大读者所认可和使用，但对各类期刊数据库能全面、准确的了解，并能充分、熟练使用的读者并不多，尤其是外文数据库，使网上大量的期刊信息资源没有被及时、充分利用。所以，期刊阅览室馆员应积极参与期刊信息资源的宣传、开发、咨询工作，通过各种方式，如开展馆藏纸质、电子期刊资源讲座，积极主动地向师生读者进行信息素养教育及馆藏信息资源推介，特别是馆藏大型高端中外文电子期刊数据库，介绍数据库的使用方法和检索技巧，解决读者在使用过程中遇到的问题。另外，还可指定专人通过网络和电子邮件为读者答疑解惑，提高读者对馆藏数据库的利用率。

2.纸质期刊资源和电子期刊资源有机结合

期刊馆员要了解、学习和使用图书馆引进的各类数据库，提高服务意识，指导读者组合使用纸质期刊资源和电子期刊资源，如对于不允许外借的、没有订阅或缺失的中文科技类期刊，对于不愿或没有时间来阅览室查阅纸质期刊的读者，可引导读者在中国知网、维普等大型全文数据库获取所需资源。中国知网全文数据库收录了国内8200多种重要期刊，连续动态更新。为了更方便读者使用数据库，图书馆应将馆藏纸质期刊与电子期刊数据库链接起来，在各刊的排架位置上标注电子期刊数据库是否收录该刊、收录数据库名称情况等，引导读者根据馆藏、个人爱好等具体情况灵活选择电子期刊资源和纸质期刊资源，最大限度地满足读者对期刊文献的需求。

3. 搭建电子期刊资源查询平台

由于纸质期刊和电子期刊并存的可喜局面已在高中图书馆充分显现，图书馆期刊阅览室除了要提供足够的座位供读者阅览纸质期刊外，还应增加计算机数量，形成电子阅览区，供读者检索、查阅馆藏资源，特别是网络电子资源，使期刊阅览室成为纸质期刊和电子期刊兼容的阅览室。

（二）管理创新

1. 优化馆员队伍结构

网络环境下，期刊资源不断增加，其载体呈多样化发展趋势，图书馆阅览室咨询服务的作用日显重要。为了更好地发挥期刊阅览室为教学科研服务的作用，期刊馆员除了提供常规咨询服务外，还要提供深层次的参考咨询服务，这就要求馆员必须具有较高的业务水平。而许多高中期刊阅览室工作人员业务水平偏低，无法胜任咨询服务工作。例如，英语水平较差，对外文期刊数据库不甚了解，更谈不上熟练使用。因此，图书馆应建立期刊馆员考核淘汰机制，引进具有强烈事业心和责任感，既有学科专长又有图书馆学专业背景、外语水平较高的优秀人才，优化馆员队伍结构，打造一支能够提供高质量服务的专业团队。只有这样才能真正提高期刊服务质量和水平。

2. 定期组织馆员培训

期刊阅览室的管理与服务水平反映出高中图书馆的管理水平。当前，一部分馆员思想僵化、理念落伍，对图书馆事业发展造成了不良影响。提高期刊馆员素质，定期组织培训，成为高中图书馆的一项重要工作。

同时，馆员应树立终身学习的意识，不断地、自觉地自主学习专业知识。图书馆为馆员营造自主学习氛围，建立激励机制，充分调动馆员的学习积极性，更新馆员知识结构，使馆员快速适应网络环境下的图书馆期刊服务规范。期刊阅览室应彻底改变过去重藏轻用、只提供简单的纸质期刊服务的模式，把期刊服务重点放在各类期刊的开发和应用上；放在为读者提供方便、快捷、准确的信息检索服务、导读服务和参考咨询服务上；放在尽最大努力和限度满足读者对信息资源的需求，以及为读者营造更人性化的阅览环境和氛围上。使网络环境下的期刊管理服务模式向着充分体现以读者为中心，集咨询服务、信息检索服务和各种载体文献提供服务于一体的"全方位一体化服务"的方向转变。

3.做好信息咨询服务

网络环境下期刊服务的方式和内容发生了深刻变化，不断地向广度和深度发展，许多工作仅靠单独的一个部门已远远不能独立完成，需要各部门通力配合和协作。因此，图书馆应改革管理体制，将传统的期刊、参考咨询等部门整合，形成完整的"一条龙"服务，使读者能够得到期刊信息的"一站式"获取服务，减少查询信息的盲目性，提高期刊资源服务的效率和质量。

4.改善阅览环境

近年来，到期刊阅览室看专业期刊的读者日趋减少，大部分读者喜欢阅览娱乐休闲刊物，而这些刊物也逐渐受到以畅销刊物为主的大型数据库的冲击，这是全世界图书馆在高速发展的网络环境下共同面临的问题和挑战。要想改善这一状况，首先阅览室应充分发挥其休闲功能，营造人文氛围，美化阅览环境，提高阅览室的舒适度；增加休闲娱乐刊物的订阅数量，设立电子阅览区，减少不必要的对读者的限制和约束；积极热情地为读者服务，营造自由、开放的阅读氛围，与读者和谐相处。高中图书馆阅览室既是传播文化知识的场所，也是能获得美的享受、充满人情味的休闲之地，这样才能不断地吸引读者来图书馆阅览室。

第十一章　高中图书馆社会化服务及其实现

第一节　高中图书馆社会化服务概述

当今世界，图书馆是人类知识、思想和智慧的汇聚地，不仅担当着传播文化和知识的重任，也要满足人们的精神和文化需求，在社会主义精神文明建设中占有重要位置。高中图书馆承载着文明积淀，具有提升和构建人文精神的重要意义。

一、社会化服务的概念

社会化指生物性的个体，经由参与社会团体的活动，吸收社会文化与规范，逐渐适应社会生活的过程。图书馆的社会化则是指图书馆积极参与社会工作，发挥自身信息资源的优势，不断促进社会发展的一个过程。

高中图书馆的社会化服务就是指高中图书馆服务范围扩大化，高中图书馆在满足校内教职员工的基础上将服务的群体逐步从周边社区扩展到所有社会读者，向社会开放，为政府、企事业单位、社区居民等群体提供信息服务。

二、图书馆社会化服务的意义

图书馆社会服务化为广大人民群众提供了丰富的信息资源。由于资源和经费有限，一些企业、科研机构不能在本单位或者机构获取专业信息资源，而经济的高速发展又向这些人提出了更多的挑战，他们对知识的需求是相当迫切的。图书馆的社会化服务能够解决这一难题。因为图书馆的馆藏资源非常丰富，如果只服务于本校师生无疑是对信息资源的极大浪费，所以一些高中图书馆正在逐步向社会公众开放。

三、高中图书馆社会化服务实施基础

（一）社会属性要求

图书馆作为一种公共事业单位，是政府为了满足人民对知识和信息的需要而设立的，因此它承担着公共教育、满足人民群众文化需要的重任。高中图书馆作为信息技术和信息资源的集散地，它的作用决定了高中图书馆应该面向公众，为高中生提供社会化、综合性的知识服务。

科技兴国、人才强国是我国多年来坚持的发展战略，国家对高等教育的重视程度不言而喻。高中图书馆是中学文化知识教育的重要阵地，为教育教学提供基本保障，是科研的重要支撑力量，在促进学科创新及技术发展等方面发挥显著作用。高中图书馆已经成为社会和人才交流与融合的重要场所。

（二）相关政策规定

高中图书馆是我国图书馆重要的组成部分，是文化知识宝库。世界上早就有关于高中图书馆对公众开放的呼声。在国际图书馆协会联合会出台图书馆社会化服务政策之后，美国积极响应，率先实施图书馆服务社会化，表明社会读者具有和在校师生同等的阅读权益。

进入 21 世纪，我国学者开始探讨社会化管理问题，做了理论上的论证。国家相关政策对图书馆实施社会化管理，与社会团体合作提供了指导。部分高校图书馆根据实际情况，创新管理体制，与社会联系日益密切，在服务本校师生的基础上为社会群众提供服务。越来越多的图书馆学学者开始研究图书馆社会化管理的可行性。

（三）时代发展需要

网络极大地影响着人类的生活，也是人类获得知识和信息的重要途径。在知识经济时代，知识成为推动社会发展的重要力量，人的成长、技术的进步都离不开知识。学校教育的过程即是撒播知识种子的过程。而建设教育强国是以中国式现代化全面推进中华民族伟大复兴的基础工程。在图书馆中，人们能够快速查找自己需要的资料，文献信息更新及时、涵盖面广，能够满足多种类型读者的需要。

由于地理位置、历史遗留、经济发展等诸多因素的影响，在我国，有些地区还不够发达，高中图书馆的配套设施不健全、信息资源有限、馆藏文献资料匮乏，造成本地企业、团体和社会读者不能得到相关的资讯，当地的科研单位也不能从图书馆获得最新的、全面的资料。在人口密度较高的城市，面对庞大的需求群体，高中图书馆的资源难以满足读者的需要。

高中图书馆管理服务主要面向学校师生，由于服务对象单一，无法有效利用高中图书馆的馆藏资源。实施高中图书馆社会化管理，能充分利用馆藏资源价值，使利用率最大化。

有些高中设有多个校区，新校区因建设时间及地理空间等原因大都位于较偏僻的区域，这极大地方便了本地居民获得资料，减轻了高中图书馆的行政工作负担。

（四）社会舆论

推进高中图书馆管理社会化，不仅有利于提升我国国民的整体水平，也有利于缩短地区间的文化差异，推动地区间的文化交往。

四、高中图书馆社会化服务实施原则

（一）可持续性原则

从目前我国高中图书馆的发展状况，以及图书馆社会化服务的普及程度来看，高中图书馆的社会化服务将是一个长期的系统工程。

高中图书馆社会化服务的实施原则：第一，高中图书馆要在社会经济迅速发展、科学技术不断进步、网络资源爆炸式增长、用户数量越来越多，以及读者需求日益多样化的严峻条件下实现可持续发展；第二，高中图书馆的社会化服务要实现经济效益与社会效益双赢，就要继承传统服务优势、总结现代服务经验、探索未来服务模式，将当前服务与长远发展相结合，让图书馆社会化服务在社会公共文化体系建设中发挥积极作用。

（二）"以人为本"原则

高中图书馆的经营与管理应充分考虑到社会的人文精神，重视社会中的弱势人群的心理需要，解决弱势人群在图书馆中的使用问题。2008 年，中国图书馆学会发布《图书馆服务宣言》，表示"图书馆致力于消除弱势群体利用图书馆的困难，为全体读者提供人性化、便利化的服务"。可见，高中图书馆实行社会化服务，必须遵循"以人为本"这一原则。

（三）梯度开发原则

高中图书馆社会化服务受到多种因素的制约。高中图书馆开展社会化服务是社会发展的必然趋势，但由于受区域发展状况、自身资源建设，以及服务能力的影响，这将成为一项长期任务。高中图书馆的社会化服务不能一瞬间全面普及，只能从基本的知识服务向信息咨询服务，向更高级的个体化服务逐步推进。

（四）特色先行原则

信息时代的用户对知识及信息的需求是多元化、个性化的。高中图书馆的社会化服务既要适应广大群众的需要，又打造自己的特色服务，根据学校实际情况提供具有本馆特色的服务，使社会化服务成为高中图书馆的核心能力。特色先行原则实质上就是图书馆服务个性化、集成化、高效化的具体体现。在实施过程中，高中图书馆应根据学校性质，发挥学校独特的科研成果优势，建设图书馆专有的特色数据库。

第二节　高中图书馆社会化服务建设

一、高中图书馆社会化服务保障机制

（一）政策与法律保障

高中图书馆社会化服务对我国教育事业的发展、对社会人群素质的提升具有重要意义。高中图书馆建设的宗旨是为学生学习、学校教学和科研提供服务。我国高中图书馆在图书资源共建共享、馆际互借、资源整合等

方面取得了一定成效，推动了图书馆事业的发展。与此同时，高中图书馆的职能发生了变化，由以书籍为主体转变为以信息资源为主体，但是社会化服务的现状不容乐观，由于受学校实际条件和其他因素的制约，以及缺乏相应的政策及法规的保障，我国高中图书馆在探索社会化服务的过程中面临诸多障碍。

在政策上，政府要为高中图书馆的社会化服务建设创造有利的环境，提供相应的政策扶持，要促进教师和学生主动参与；在立法上，政府要结合高中图书馆的特点，制定法律法规，以推动高中图书馆社会化服务高质量发展。在相关立法中，要明确图书馆的服务管理内容、开放程度、开放资源等，并强调哪些设施和资源是可以面向社会大众的、哪些是需要有偿获得的、哪些又是需要图书馆保护的。既要保证图书馆社会化服务工作顺利进行，又要促进信息资源有序流动，使高中图书馆社会化服务形成规范。高中图书馆实行社会化服务需要良好的政策环境和法制环境。只有制定了相应的法规，才可以确保高中图书馆社会化服务和创新管理工作有效落实，进而提升高中图书馆服务水平，使馆藏资源得到充分利用。

（二）人员保障

员工素质的高低决定着高中图书馆的管理和发展水平。原来，高中图书馆仅仅为学校内部人员提供服务，实行了社会化服务后，服务触角延伸到社会，服务和管理目标也随之发生变化。在对学生进行主动的服务的前提下，确保读者得到高效的服务。第二，图书馆的阅读需要有所改变。过去，高中图书馆的主要受众群体为学校教师和学生，其阅读需要仅限于教学研究和职业研究。实行社会化服务后，社会的受众需要覆盖到人们的日常生活中。

在这种情况下，现有的高中图书馆人力资源配置明显不能适应图书馆的社会化服务管理需要，加强高中馆员队伍建设是保证高中图书馆工作质量的重要保证。在员工的选择上，除了注重对图书的专门知识外，还要注重对现代资讯科技与电脑技术的理解。在培训方面，要定期组织知识讲座，加强知识结构和计算机技能的优化，增强主动服务和管理的能力。从总体上看，图书馆的社会化服务工作需要有充分的工作人员配置、知识渊博、熟悉多种学科、掌握相关的技术、具有为群众服务的主动性和自觉性。

（三）资源保障

文献信息资源是图书馆生存的根本，高中图书馆在探究社会化服务的过程中，只有充分的馆员资料，才能适应广大读者在社会化服务过程中的各种需要。高中图书馆馆藏资源由两部分组成，一部分是纸质的实体馆藏资源，另一部分是以电子技术为载体的虚拟馆藏资源。高中图书馆加强资源保障就要从这两类馆藏资源入手：第一，增加馆藏。要保证图书馆拥有丰富的馆藏，最直接、最有效的方法就是加大采购力度。在加大采购力度的时候，一定要小心，不要盲目扩大。在采购图书资料前，应针对不同的需要，从不同的读者需要出发，对所需的资源类型进行分析，并针对读者的不同需要和数量进行选择，合理采购资源，要按科学的比例。充分的信息资源，既能保证高中生的阅读安全，又能保证社会上的用户对信息的需要。第二，加强资源整合。实现图书馆的实物文献和虚拟文献资源的有效整合，是实现图书馆社会化服务的又一重要途径，可以实现高中图书馆资源的有效利用。不同的资源整合是对资源内容的一种综合，同时也是对内容的增值。通过对高中图书馆的资源整合，可以方便地实现对各种信息资源的访问与使用，从而提高高中图书馆的社会化服务管理效率。

（四）资金保障

高中图书馆的社会化服务管理要求高中图书馆具备必要的资源、技术和设备及员工培训经费。不过，一所学校的经费是有限的，而读者的数量越多，对经费的需求越大，供求矛盾短期难以缓解。如果没有足够的经费，就不能满足读者的需求，也就不能提供让读者满意的服务，而高中图书馆的社会化服务也就形同虚设了。

高中图书馆可以从以下方面保障社会化服务管理所需的资金：第一，积极寻求国家的扶持，将经费投入图书馆社会化服务的资源、设施、人员建设等方面，并通过管理结果来说服国家加大资金投入；第二，资金充裕的高中图书馆，可以有意识地、有计划地拨出一笔资金，用于学校图书馆的社会化服务，同时满足本校师生的阅读需要；第三，高中图书馆的社会化服务可以通过收费方式进行，根据具体情况收费，如高中图书馆面向社会用户的科技查询、专题服务管理、技术培训等项目可以收取一定标准的服务管理费，为解决高中图书馆社会化服务的经费短缺问题，必须将其用于社会使用者；第四，高中图书馆接受社会各界的捐助，用于社会化服务的实施。

二、高中图书馆社会化服务存在的不足

（一）缺乏社会化服务意识

高中图书馆是为学生和教职工而设立的，服务和管理对象仅仅是学校师生。随着学校办学规模逐渐扩大，高中图书馆的建设经费不足，高中图书馆的资源只能满足学生的需要，而不能做到社会化服务，尽管已有学校进行了社会化服务探索，但开放程度、服务管理的状况都不尽如人意。此外，高中图书馆实行社会化服务管理投资大、效益低，投入与产出不成比

例。上述情况阻碍了高中图书馆社会化服务工作的有序开展。然而，由于社会长期以来只重视经济发展而忽略了文化建设，因此要在短期内转变高中图书馆社会化服务管理意识绝非易事。

（二）不健全的管理机制

高中图书馆的管理结构、管理机制、流程规范、管理标准等都是针对本校师生群体制定的，其自身的服务管理也仅限于学校的学生和教师，因此没有建立与之对应的社会服务机构和相关的行政机构。这也给高中图书馆的社会化服务工作带来了一定的困难。由于中学教师和学生人数比较稳定，因此图书馆在这方面的管理工作比较容易，而社会群众没有相关的约束，难以进行有效的管理。目前高中图书馆馆藏管理存在的困难包括经济监督、物价监管问题；社会读者的抵触情绪；难以准确把握图书陈旧损坏标准等。

（三）公共文化服务参与程度不高

目前，我国正处于全面建设和谐社会的阶段。在文化建设上，许多城市加大了公共文化建设与投资力度，但高中图书馆的建设没有被纳入公共文化事业的范畴。尽管部分地方已开始重视图书馆的建设，加强了政府与中学之间的交流与合作，但从现实的角度来看，仍有许多矛盾。比如，对于高中图书馆来说，其重点在于政府的扶持和经费的多少，对自己的建设和发展更为重视，而高中图书馆的建设能否实现其对社会的影响，能否实现其应有的效果，以及投资与效益的均衡，则关注度较低。这种冲突造成了运作方式的不合理性。

三、优化当前高中图书馆社会化服务模式

（一）建设现代化的图书馆资源管理模式

高中图书馆要充分发挥自身的科技力量，整合图书馆文献资源，改革资源管理模式。通过构建网络信息平台，优化资源体系及管理体系；通过推进数字化信息资源的建设，改进资源管理模式，扩大图书馆社会化服务的范围。在互联网环境下，图书馆要研究如何运用现代科技整合信息化资源，以实现高中图书馆的社会化服务与经营。

（二）强化社会化服务管理

推进高中图书馆社会化服务，可最大限度地发挥高中图书馆资源的作用，满足人民群众日益增长的文化需要。高中图书馆社会化服务管理工作存在着一定的困难。为不同需要、不同水平的读者提供有针对性的图书服务，要特别注意弱势人群，为这些人提供适当的帮助。校际图书馆能够加强协作、交流，共享馆藏资源、先进管理经验，整合优势资源；运用信息技术，不断提高社会化服务水平，拓宽服务途径和范围。

（三）建设具有特色的社会化服务管理

首先，高中图书馆要秉承可持续发展理念健全管理体制，建立具有鲜明特色的社会化服务体系，将传统的服务管理观念转变为开放性、主动性管理，彻底改变封闭式的管理模式，基于社会化服务思想构建共享的高中图书馆服务管理平台。

其次，建立具有鲜明特点的数据库，充实和完善信息资源的种类和形态，运用科学技术对文献进行综合分析及处理和宣传，是实现图书馆社会化服务的有效途径。

再次，改变过去单纯为学校和学生提供"被动式"服务的理念，引进竞争机制，把有偿服务和志愿服务有机结合，不断开发新的管理途径，探索新的社会化服务方向，比如高中特有的文献资源、优势文化资源、重点优势学科资源等。

最后，加强对高中图书馆工作人员的培养，提高其工作水平；充分发挥管理人员的长处与潜力，提高管理质量；加强高中图书馆人才队伍的建设。

参考文献

[1] 缪建新 . 志愿者与图书馆阅读推广 [M]. 北京：朝华出版社，2020.

[2] 田倩 . 图书馆管理与阅读推广服务 [M]. 沈阳：辽海出版社，2018.

[3] 毕洪秋，王政 . 真人图书馆与阅读推广 [M]. 北京：朝华出版社，2019.

[4] 陈三保 . 新形势下图书馆服务与创新 [M]. 昆明：云南科技出版社，2018.

[5] 杨楚欣 . 图书馆阅读推广与服务管理研究 [M]. 北京：原子能出版社，2019.

[6] 沈鸽，吕润宏，薛慧娜 . 图书馆阅读推广与档案信息管理 [M]. 长春：吉林人民出版社，2020.

[7] 高伟 . 图书馆建设与阅读服务管理 [M]. 长春：吉林人民出版社，2021.

[8] 刘乐乐，杜丽杰，张文锡 . 图书馆管理与服务 [M]. 长春：吉林人民出版社，2018.

[9] 李蕾，徐莉 . 图书馆管理策略与阅读服务创新研究 [M]. 长春：吉林人民出版社，2021.

[10] 李永霞，卢胜利 . 高中图书馆建设与校园阅读推广 [M]. 成都：电子科技大学出版社，2018.

[11] 董伟 . 新媒体时代图书馆管理与服务研究 [M]. 长春：吉林人民出版社，2019.

[12] 刘时容 . 且为繁华寄书香高中图书馆阅读推广理论与实务 [M]. 北京：新华出版社，2018.

[13] 刘月学，吴凡，高音 . 图书馆服务与服务体系研究 [M]. 咸阳：西北农林科技大学出版社，2018.

[14] 周秀玲 . 大数据环境下高中图书馆阅读推广创新模式研究 [M]. 天津：天津科学技术出版社，2018.

[15] 张理华 . 大数据时代高中图书馆信息服务创新研究 [M]. 北京：北京理工大学出版社，2019.

[16] 徐同亮，罗娟 . 全民阅读视野下公共阅读服务体系建设研究 [M]. 南京：江苏人民出版社，2018.

[17] 傅春平 . 公共图书馆智慧服务的探索与实践：以深圳市福田区总分馆为例 [M]. 广州：世界图书出版广东有限公司，2020.

[18] 陈静宁 . 从宣传到对话："三微融合"模式在图书馆阅读推广服务中的探索与实践 [J]. 文化产业，2023（01）：85–87.

[19] 官方 . 地方高中图书馆阅读推广实践与思考 [J]. 文化产业，2022（36）：90–92.

[20] 许飞 . "互联网 +"环境下的图书馆新媒体阅读推广方式 [J]. 文化产业，2022（36）：93–95.

[21] 王金雨 . 浅析高中图书馆阅读推广创新性的研究 [J]. 文化产业，2022（36）：99–101.

[22] 李理 . 高中图书馆阅读推广必须抓住的三个关键点 [J]. 黑龙江教师发展学院学报，2022，41（12）：154–156.

[23] 刘青 . 阅读推广视域下高中图书馆线上线下推广策略探究 [J]. 安阳师范学院学报，2022（06）：153–155.

[24] 韩嵩岳 . 基于智慧服务的高中图书馆阅读推广策略研究 [J]. 淮南职业技术学院学报，2022，22（06）：109–111.

[25] 詹远鹏 . 新时代基层公共图书馆阅读推广活动策略思考 [J]. 河南图书馆

学刊，2022，42（12）：30–31+49.

[26] 高磊. 高中图书馆阅读推广向育人实践活动的渗透式发展策略 [J]. 河南图书馆学刊，2022，42（12）：61–62+75.

[27] 刘宗凯. 高中图书馆中华优秀传统文化经典阅读推广的实践与策略 [J]. 河南图书馆学刊，2022，42（12）：42–44.

[28] 颜丽琳. 数字环境下公共图书馆阅读推广方式创新的思考 [J]. 成才之路，2022（35）：69–72.

[29] 康洁. 图书馆阅读推广的多元化趋势研究 [J]. 文化产业，2022（34）：112–114.

[30] 谢婧. 高中图书馆阅读推广服务与创新策略探析 [J]. 文化产业，2022（34）：121–123.

[31] 田蓉. 高中图书馆阅读推广的若干热点问题 [J]. 办公室业务，2022（23）：174–176+186.

[32] 马漫江. 高中图书馆有声阅读推广的服务价值与策略探析 [J]. 传媒论坛，2022，5（22）：108–110.

[33] 潘俊彤. 图书馆阅读推广创意管理模式建设 [J]. 图书馆杂志，2022，41（09）：78–84.

[34] 张伟. 公共图书馆服务体系阅读推广组织管理制度研究 [J]. 图书馆建设，2022（05）：24–30.

[35] 李杏丽，王琛，王艳红，王印会. 突发公共卫生事件下高中图书馆应急管理与服务研究 [J]. 办公室业务，2022（13）：79–81.

[36] 黄纯. 新时期图书馆开放式服务管理与创新发展研究 [J]. 甘肃科技，2021，37（24）：94–97.

[37] 杨晓东. 阅读推广与大学图书馆管理服务的创新探究 [J]. 新阅读，2021（10）：58–60.

[38] 王瑞霞. 高中图书馆强化阅读推广服务人才培养的策略 [J]. 兰台内外，
2021（17）：61-63.

[39] 谭少丽. 阅读推广与大学图书馆管理服务创新研究 [J]. 大众标准化，
2020（17）：185-186.

[40] 刘瑞琨，马燕，王贤云. 现代图书馆管理与阅读推广服务 [M]. 银川：
宁夏人民出版社，2020.

[41] 苗静，郭凌. 高中图书馆阅读推广服务的过程管理模式研究 [J]. 河南图
书馆学刊，2020，40（08）：44-46.

[42] 陈琳，潘凯丽. 高中图书馆阅读推广服务的过程管理模式研究 [J]. 营销
界，2020（29）：148-149.

[43] 黄水清. 阅读推广视阈下的高中图书馆空间建设 [J]. 大学图书情报学刊，
2020，38（03）：46-49+92.

[44] 雷晓艳. 论我国高中图书馆阅读推广中存在的问题与对策 [J]. 传媒论坛，
2019，2（23）：129+131.

[45] 王琦，陈文勇. 我国科研型图书馆阅读推广服务研究 [J]. 出版广角，
2018（19）：80-82.

[46] 马琼英. 社会阅读推广与图书馆服务效能探析 [J]. 报刊荟萃，2018
（10）：102.

[47] 田一斐. 浅谈阅读推广与大学图书馆管理服务的创新 [J]. 知识文库，
2018（19）：232-233.

[48] 李广明. 探讨阅读推广与大学图书馆的管理服务创新 [J]. 办公室业务，
2018（15）：165-166.

[49] 姚宁，王晓芳. 基于阅读循环理论的图书馆阅读推广服务模式创新研
究 [J]. 农业图书情报学刊，2018，30（01）：178-181.

[50] 云玉芹. 新时代高中图书馆社会化服务与创新 [M]. 长春：吉林人民出

版社，2021.

[51] 龙斌 . 高中图书馆社会化服务研究 [M]. 长春：吉林出版集团股份有限公司，2019.

[52] 李静，乔菊英，江秋菊 . 现代图书馆管理体系与服务研究 [M]. 长春：吉林人民出版社，2019.

[53] 刘蕾，廉立军，关朝明 . 高中图书馆社会化服务研究 [M]. 北京：现代出版社，2017.

[54] 陈珊珊 . 高中图书馆创新服务实践与指导研究 [M]. 成都：电子科技大学出版社，2018.

[55] 黄娜 . 高中图书馆与学科建设 [M]. 长春：吉林人民出版社，2019.

[56] 王蕾 . 真人图书馆在我国图书馆服务中的适用性研究 [J]. 兰台内外，2022（29）：64–66.

[57] 杨培培，王焕景 . 基于 VR 技术的真人图书馆场景构建策略 [J]. 图书情报导刊，2022，7（08）：43–49.

[58] 徐晓峰 .5G 物联网技术驱动下高校真人图书馆服务创新策略研究 [J]. 图书馆工作与研究，2021（08）：62–68.